地域福祉の原理と方法

第3版

井村圭壯・相澤讓治

編著

学文社

執筆者

坪井　良史	松山東雲女子大学	（第1章）	
谷川　和昭	関西福祉大学	（第2章）	
嶋田　芳男	東京家政学院大学	（第3章）	
＊井村　圭壯	岡山県立大学	（第4章第1節）	
鎌田　綱	四国医療福祉専門学校	（第4章第2節）	
日下　輝美	福島学院大学	（第5章）	
＊相澤　譲治	神戸学院大学	（第6章）	
今井　慶宗	関西女子短期大学	（第7章）	
小野　篤司	宇都宮短期大学	（第8章）	
阪田憲二郎	神戸学院大学	（第9章）	
山村　靖彦	久留米大学	（第10章）	
井上　美和	帝京平成大学	（第11章）	
勅使河原隆行	千葉商科大学	（第12章）	
尾形　良子	北翔大学	（第13章）	
長谷川洋昭	田園調布学園大学	（第14章）	
田端　和彦	兵庫大学	（第15章）	

（執筆順・＊は編者）

はしがき

　現代は不安定社会である。超少子高齢社会と人口減少時代の到来，あるいはひとつの場への一極集中，その反動としての過疎化現象などから生じる課題が地域社会において指摘されている。

　それぞれの地域が活力ある持続可能な地域社会へと構築されていくために，国，地方自治体をはじめ NPO 等民間団体，そして，地域住民が多様な形態で取り組みを行っていく必要がある。

　「社会福祉基礎構造改革」以降，地域福祉政策やその実践が重視されているが，具体的には，地域ケアシステムの構築が進展している。特に，地域の特性に応じた地域包括ケアシステムをつくりあげていく必要性が強調されている。

　また，近年，ひとつの例ではあるが，子ども食堂が増加し，NPO や地域住民が開設し，運営を行っている。子ども食堂は，子どもの孤食の解決の一助ではあるが，地域における子どもと大人との繋がりだけでなく，地域住民同士の社会的関係性の視点からも企図されている。

　このように，地域に住む高齢者，障がい者，子どもたちばかりでなく，多様な生活をしている住民相互の繋がりと結果を形成するシステムを再構築していくことがますます求められているといえよう。

　地域福祉は，地域住民が安心して生活できるように専門職や住民たちが連携し合い，支え合うしくみや実践である。私たちは地域住民の一人として，福祉課題の解決のために，学び，実践していかなければならない。

　本書では，地域福祉を学ぶ際に必要な基礎知識を厳選して記述している。その意味で地域福祉に関係するすべての人々に手にとっていただきたいと願っている。

　なお，本書は 2008 年刊行の第 3 版である。章構成の再検討を踏まえ，最新の動向を加筆して発刊した。ぜひ多くの方々に読んでいただきたい。

本書の執筆，編集にあたっては，各執筆者の方々，そして学文社社長田中千津子氏，編集部のスタッフの方に大変お世話になった。紙面を借りて感謝申し上げる。

2019年1月1日

編著者

目　次

はしがき……………………………………………………………………… i

第1章　現代の地域生活と地域福祉……………………………………… 1

第1節　現代社会における生活上の諸問題　1

　1．私たちをとりまく社会の変容　1／2．新たな生活課題の出現と問題の複合化　2

第2節　地域社会とコミュニティ　3

　1．コミュニティとは　3／2．地域におけるつながりの弱体化　4／3．地域におけるつながりの再構築　5

第3節　地域福祉の基本的な考え方　6

　1．地域福祉において求められる考え方　6／2．今後の地域福祉　8

第2章　地域福祉の思想と理論…………………………………………… 10

第1節　地域福祉の思想　10

　1．地域福祉の思想と概念　10／2．地域福祉の思想と展開　11

第2節　地域福祉の理論　14

　1．地域福祉の理論と概念　14／2．地域福祉の理論と体系　15

第3節　現代における地域福祉の思想と理論の課題　18

　1．地域福祉思想を支える人間性　18／2．地域福祉理論への尽きない探究　19

第3章　地域福祉の形成と発展…………………………………………… 24

第1節　「地域福祉」成立期以前の流れ　24

　1．イギリスにおける地域福祉の源流　24／2．アメリカにおける地域福祉の源流　25／3．わが国における地域福祉の源流　25

第2節　海外における地域福祉の歩み　26

　　1．イギリスにおける地域福祉の歩み　26／2．アメリカにおける地域福祉の歩み　27

第3節　わが国における地域福祉の歩み　28

　　1．1940〜1950年代の地域福祉　28／2．1960〜1970年代の地域福祉　29／3．1980年以降の地域福祉　30

第4章　地域福祉の法律と組織 33

第1節　地域福祉の法律　33

　　1．地方自治法（1947年制定・施行）　33／2．主要な関連法律と法規　34

第2節　地域福祉の組織　39

　　1．国の組織　39／2．地方自治体の組織　40／3．民間の組織　42

第5章　地域福祉における社会福祉協議会の役割 45

第1節　社会福祉協議会の沿革と法的規定　45

第2節　社会福祉協議会の組織と事業活動　47

第3節　地域福祉における社会福祉協議会の役割と課題　49

第6章　地域福祉の専門職 52

第1節　地域福祉を推進する専門職　52

　　1．企画指導員　52／2．福祉活動指導員　52／3．福祉活動専門員　53／4．地域包括支援センター職員　53／5．ボランティアコーディネーター　54／6．民生委員　54

第2節　専門職間の連携と協働　55

第3節　専門職と地域住民，当事者とのネットワーキング　57

第7章　地域福祉における社会資源 60

第1節　社会資源の活用　60

第2節　社会資源の調整　63
　　第3節　社会資源の開発　64

第8章　地域福祉における福祉ニーズの把握方法 ……………………… 68
　　第1節　地域福祉におけるアウトリーチの意義　68
　　　　1．地域の多様な課題への対応　68／2．福祉ニーズの概念と福祉ニーズの類型　68／3．アウトリーチの方法と実際　70
　　第2節　地域における福祉ニーズの把握方法と実際　71
　　　　1．地域福祉実践におけるニーズ把握の意義　71／2．量的ニーズの把握方法　72／3．質的ニーズの把握方法　73／4．地域における福祉ニーズの把握の実際　74

第9章　地域トータルケアシステムの構築 …………………………… 77
　　第1節　地域トータルケアシステムの考え方　77
　　　　1．保健・医療・福祉の連携の課題　77／2．地域トータルケアシステムにおけるソーシャルワーク実践　78／3．コミュニティソーシャルワークの必要性　78
　　第2節　地域トータルケアシステムの実際　79
　　第3節　地域トータルケアシステムの構築方法　81
　　　　1．個別支援とネットワーク形成，地域支援　81／2．地域トータルケアシステムの構築に向けて　82

第10章　地域福祉における福祉サービスの評価 ………………………… 84
　　第1節　地域福祉における福祉サービスの評価の考え方　84
　　　　1．地域福祉における福祉サービスの位置づけと評価が求められる背景　84／2．福祉サービスの評価の目的と意義　85
　　第2節　地域福祉における福祉サービスの評価の実際　86
　　　　1．福祉サービス第三者評価事業　86／2．地域密着型サービスの自己評価・外部評価　87／3．介護情報サービスの公表　88

第3節　地域福祉における福祉サービスの評価の方法　88

　　　　1．福祉サービス第三者評価事業の方法　89／2．福祉サービスの評価をめぐる課題　91

第11章　地域福祉と福祉計画 ………………………………………… 93

　　第1節　社会福祉基礎構造改革と地域福祉計画　93

　　　　1．社会福祉基礎構造改革とは　93／2．地域福祉計画とは　94

　　第2節　地域福祉における福祉計画の実際　96

　　　　1．地域福祉計画の策定手順　96／2．地域福祉計画の策定状況　97

　　第3節　地域福祉における福祉計画の課題　97

第12章　地域福祉と福祉教育 …………………………………………101

　　第1節　福祉教育の考え方　101

　　　　1．福祉教育とは　101／2．福祉教育の歴史的背景　102

　　第2節　福祉教育の実際　103

　　　　1．学校教育における福祉教育　103／2．地域における福祉教育　105

　　第3節　福祉教育の課題　106

　　　　1．学校教育における福祉教育の課題　106／2．地域における福祉教育の課題　107

第13章　地域福祉における住民参加の意義と方法 ………………109

　　第1節　地域福祉における住民参加の意義　109

　　　　1．住民とは　109／2．市民参加と住民参加　110／3．地域福祉における住民参加とその意義　111

　　第2節　地域福祉における住民の役割　113

　　　　1．政治参加における住民の役割　113／2．社会参加における住民の役割　114

　　第3節　地域福祉における住民参加の方法　114

1．政治参加におけるアーンスタインの市民参加の梯子　114／2．住民の社会参加と方法　115

第14章　地域福祉とNPO・ボランティア活動 …………………………119

第1節　地域福祉とNPO　119

1．広義のNPOと狭義のNPO　119／2．NPOの活動分野　120

第2節　地域福祉とボランティア活動　121

1．ボランティアの定義　121／2．日本における「ボランティア元年」　122／3．ボランティアの活動実態　122

第3節　地域福祉とNPO・ボランティア活動の課題　123

1．「地域福祉の推進者」として　123／2．継続的，発展的な活動にするために　124

第15章　地域福祉の財源基盤 ………………………………………………126

第1節　地域福祉推進のための公的な財源　126

1．財　政　126／2．社会保険　129／3．地域福祉基金　130

第2節　地域福祉推進のための民間の財源　130

1．共同募金　130／2．民間の基金・助成財団　132

第3節　地域福祉の財源基盤の確立　132

1．社会保障と税の一体改革　132／2．地方分権と財源問題　133

索　引……………………………………………………………………………137

第1章 現代の地域生活と地域福祉

第1節　現代社会における生活上の諸問題

1．私たちをとりまく社会の変容

　わが国の経済社会は、特に高度経済成長が始まってから大きく変化したといえる。この大きな変化としてまず、産業構造の変化をあげることができる。わが国の産業は、従来の第1次産業である農林水産業から第2次産業である製造業へ、さらに第3次産業であるサービス業へと変化してきた。このような産業化の過程は、私たちの生活を物質的に豊かにするとともにより利便性の高いものに変容させた。しかしその一方で、人口の大都市への集中と同時に地方の過疎化と高齢化という課題を生じさせている。

　次に、人口構造の変化をあげることができる。たとえば、『少子化社会対策白書』によれば、従来多くの人口を占めていた年少人口（0～14歳）の総人口に占める割合は、1950（昭和25）年の35.4％から低下を続け、2020年には11.7％に、また、2060年には9.1％となることが予想されている。これに対し、高齢者人口（65歳以上）の総人口に占める割合は、1950（昭和25）年の4.9％から上昇を続けて、2020年には29.1％となることが予想されている[1]。今後は、このような高齢者人口の大幅な増加と、女性の社会参加や晩婚化なども相まって今後一層の少子化が予測される。

2

　このように，産業構造や人口構造が大きく変化するなかで，家庭や職場などをはじめとする私たちの生活においてもさまざまな変化がみられている。この著しい変化として，就業形態の変化と世帯の小規模化を指摘することができる。前者の例として，第3次産業の進展により産業構造のサービス化が進み，労働者の勤労者化が進行すること，また，結婚・出産後も企業などで働き続ける女性や，子育て後再就職する女性が増加していることなどがあげられる。また後者の例として，核家族世帯やひとり暮らし，あるいは夫婦のみの高齢者世帯が増加する一方で，三世代世帯は減少するなど家族の小規模化が進行しつつあることなどがあげられる。

2．新たな生活課題の出現と問題の複合化

　このような社会の変化のなか，私たちの住む地域社会に目を向けると，従来はみられなかったような変化が生じている。たとえば，「一人ひとりを包摂する社会」特命チームの資料によれば，社会的に孤立した状態となる「孤立化」や「無縁社会」，「孤族」などの新たな社会的リスクが出現していることが指摘されている。[2]また，厚生労働省の報告書（「地域における『新たな支え合い』を求めて—住民と行政との協働による新しい福祉」）においても，「制度では拾いきれないニーズ」や「制度の谷間にある者への対応」が求められることや，「社会的排除」などの問題が指摘されている。[3]さらに，近年では生活困窮が新しい生活課題として認識され，これに対応するために「生活困窮者自立支援制度」が創設されている。

　また，生活問題の複合化もあげられる。たとえば，大阪府社会福祉協議会は，地域福祉が対応しなければならない支援の一例として，以下のようなケースを示している。それは，生活困窮した精神疾患者とその家族への支援，DV被害にあった母子家庭への支援，家を追い出されそうになった知的障がい者への地域での支援，息子夫婦から虐待をうけた高齢者世帯への支援，ゴミに囲まれて暮らしていた精神障がい者への支援，突然失職した外国人労働者の支援な

どである[4]。

　このように，近年の私たちの生活課題についてみると，これまでは問題と認識されにくかった新しい問題や概念が出現しており，また，それら生活課題は経済的貧困や介護問題，虐待問題などの問題が重なってあらわれるなど複雑多岐にわたるようになってきている。そして，このような問題がどこの家庭で起きても不思議ではなくなりつつある。

　このように私たちを取り巻く社会経済の変化は，家族や地域などにおけるつながりを弱めてきている[5]。そして，人と人とのつながりが弱体化することが，新たな生活課題の表出やそれら課題の複雑化の背景として考えられる。次節では，この人と人とのつながりの基礎をなすコミュニティの状況についてみていきたい。

第2節　地域社会とコミュニティ

1．コミュニティとは

　本節ではまず，コミュニティの定義について確認していく。「コミュニティ」という用語は，社会学，地理学，心理学，社会福祉学など多くの学問分野において用いられているが，学問分野においてその意味内容は異なるなど多義的な用語であるといえる。

　たとえば，社会学小辞典によれば，コミュニティについて次のような定義がなされている。それは，「一定地域の住民が，その地域の風土的個性を背景に，その地域の共同体に対して特定の帰属意識をもち，自身の政治的自律性と文化的自律性を追求すること」である[6]。また同辞典では，「ヒラリー（Hillery, G. A.）は『地域性』と『共同性』が最低限の共通事項であることを発見している」とも記されている[7]。さらに，中央社会福祉審議会の資料では，「コミュニティとは，地域社会という生活の場において，市民としての自主性と主体性と責任とを自覚した住民によって，共通の地域への帰属意識と共通の目標を持って，共

同の行動がとられようとする地域社会の条件である」と定義されている[8]。このように，コミュニティの定義をめぐっては，「地域性」と「共同性」の2つがその重要な要素と考えられる。

しかしながら，実際のコミュニティをとらえる上では課題も存在する。それは「コミュニティ」という用語は極めて多義的であることから，とらえどころのない概念となっていることである。これについて，園田恭一は，「『地域』や『共同』について客観的にとらえようとすると，そのあり方は千差万別であり，極めて多種多様となる」と指摘している[9]。一方，阿部志郎が「コミュニティを明確に区切ることは難しい」と指摘するように，コミュニティの範囲をどのように定義するかについても多様な解釈が存在する[10]。

このように，コミュニティの定義は多様であり，その実態を正確にとらえることには課題が存在するが，ここでは「コミュニティ」について，多くの社会学者が支持しているように「地域性」と「共同性」の2つの要素が内包されるものと定義したい。

2．地域におけるつながりの弱体化

それでは，「地域性」や「共同性」を基礎とする私たちのコミュニティはどのような状況にあるといえるであろうか。これについてみるために，以下では2015（平成27）年と2016（平成28）年版の『厚生労働白書』を参照する。

まず，「地域に愛着をもっているか」という質問に対し，「あてはまる」と回答した人は26.6％，「まあまああてはまる」と回答した人は38.3％となった。ここからは多くの人は現在住んでいる地域に肯定的な意見をもっていることがわかる[11]。

また，「地域において支え合い活動が行われているか」という質問について，「そう思う」と回答した人は約3％，また，「どちらかというとそう思う」と回答した人は23.8％であった。一方で，支え合いが展開されているとは「思わない」と回答した人は17.7％，また，「どちらかというと思わない」と回答し

た人は29.0%となり，支え合いがないと回答した人が多くを占めた。[12]

　さらに，地域の市民活動や地域活動への参加状況についてみると，「町内会・自治会」へ参加していない人は51.3%，地域の「スポーツ・趣味・娯楽活動」へ参加していない人は67.2%，「ボランティアや市民活動」へ参加していない人は80.7%となり，いずれも参加していない人が多くを占めた。さらに年代別にみると，若年層になればなるほどこのような活動に参加しない傾向がみられている。[13]

　以上のような調査結果をふまえると，私たちは地域に対して愛着や関心をもっている一方で，地域におけるつながりは以前よりも弱いものとなっていることが考えられる。

3．地域におけるつながりの再構築

　以上のように，私たちを取り巻く社会経済の大きな変化は，家族や地域などにおけるつながりを弱めてきたといえる。これについて牧里毎治らは，「近代化のなかで住民個々のニーズに対応する各種のサービス網の進展が共同性の絆を失わせた」と指摘する。[14] 牧里らが指摘するように，近代化した生活のなかにおいては，個人主義が尊重され，他人の関与を望まない風潮が高まることや，他者とのコミュニケーションが希薄化することが考えられる。また近年では，家族や地域社会における支え合いに代わるように，高齢者，障がい（児）者，子育て支援などのさまざまな領域において制度や行政サービスが整備されるようになってきている。このように，さまざまな制度やサービスが整備されることも，近隣で助け合い問題を解決するという意識を低下させることにつながることが考えられる。

　一方で，これらのサービスや相談窓口が質・量ともに整備されてきたにもかかわらず，それらの支援が生活課題を解決するまでに至らない事例がみられている。[15] 私たちの生活課題は拡充されてきた行政サービスでもカバーできないほどの広がりをみせている。そこにおいては，複雑・多様化する福祉ニーズに対

応するために,また,行政サービスの限界を補完するために,地域におけるつながりを再構築させることに人びとの関心が向けられている。そして,コミュニティにおける住民の共同意識と共同活動を再生させようとする主体的な住民活動が全国各地で展開されている。このように現在の地域社会をみると,コミュニティが弱体化していく動きと,それを再生しようとする動きが並存している状況といえるだろう。

たとえば,パットナム(Putnam, R. D.)は,地域組織や団体での活動やボランティア活動,友人や知人とのつながりなどが豊かな地域は,子どもの教育成果の向上や近隣の治安の向上,地域住民の健康状態の向上など,経済社会面において好ましい効果をもたらすと指摘している[16]。私たちはこれまで人生のあらゆる場面において,他者とつながり助け合ってきた。そして,今後もそのようなつながりの存在は,パットナムが指摘するように,私たちの生活を守ることやその生活を向上させることにおいて不可欠なものとなるだろう。

第3節 地域福祉の基本的な考え方

ここまで,私たち一人ひとりの生活ニーズは多様化,深刻化していることを,また,このような生活問題に対して行政サービスだけでは対応しきれなくなっていることを確認した。このような状況をふまえ,今後地域福祉はこれらの課題にどのように対応すればよいのだろうか。以下では,今後,地域福祉を展開していく上で求められる考え方についてみていく。

1. 地域福祉において求められる考え方

地域福祉は,2000(平成12)年に施行された「社会福祉法」に位置づけられたことなどから,社会福祉におけるひとつの新しい考え方ということができる。また,地域福祉が対象とする問題は拡大する傾向にあり,その定義は一様とはなっていない。これに加えて,今後その定義は変容していくことも考えら

れる。このような現状をふまえ，以下ではまず，地域福祉におけるいくつかの代表的な定義を参照しながら，本節における地域福祉の考え方について整理する。

たとえば，上野谷加代子は，地域福祉について次のように定義する。それは「住み慣れた地域社会のなかで，家族，近隣の人びと，知人，友人などとの社会関係を保ち，みずからの能力を最大限発揮し，誰もが自分らしく，誇りをもって，家族およびまちの一員として，普通の生活（くらし）を送ることができるような状態をつくっていくこと」である[17]。また右田紀久恵と井岡勉は，「地域福祉は対象課題の構造から考えて，従来の児童分野・障害者（ママ）分野・高齢者分野など属性分野のタテ割り福祉とは同じ次元に並ぶものではない」と指摘する[18]。さらに大橋謙策は，「社会福祉サービスを必要としている人を地域から隔離することなく，かつサービスを必要としている人とサービスを提供する機関・施設とが，点と点を結ぶ線でつながっているだけでなく，地域という面で支えていくというところに主眼がある」と指摘する[19]。

以上の定義を整理すれば，地域福祉においては「地域に住む誰をも」を支援すること，そのために，制度やサービスに加え，「地域の支え合い（の力）」が必要となる。そしてそこにおいては，多様な生活ニーズに対応するための「普遍的」および「包括的」な視点が重要となることが考えられる。

たとえば，第1節では，地域福祉が範囲とする生活問題は複雑多岐にわたるようになってきていることを確認した。このような複合的な課題を抱えた問題に対して，地域という「面」で支援していくためには，支援を必要とする対象者をみる「普遍的」な視点，そしてそれらのニーズを充足する「包括的」な支援が求められる。具体的には，ワンストップの総合相談窓口や，複合的なニーズに対応できる包括的なサービスシステムを創設することなどが考えられる。そしてこのシステムを展開していくためには，方法や課題をあらかじめ限定することなく，生活課題に対して柔軟に対応していく視点が重要となるだろう。

2．今後の地域福祉

　現在，わが国においては地域包括ケアシステムの構築が目指されている。地域包括ケアシステムとは，誰もが住み慣れた地域で暮らし続けることができるために，医療，介護，生活支援，住環境などを総合的に提供する仕組みのことである。そして今後は地域共生社会を目指し，この体制を支援が必要なすべての住民へと拡大させていくことが求められている。その過程においては，地域のあらゆる人の力を生かし，高齢者だけでなく，障がい者や子どもなどすべての人の暮らしを地域で支えるためのネットワークを張りめぐらすことが重要とされている。

　このように，今後は住民のあらゆる生活ニーズに総合的に対応するトータルなケアシステムづくりが求められる。そして，そのようなケアシステムを進展させるためには，専門的なサービスとともに，コミュニティにおける支え合いの力が不可欠であり，この両者が車の両輪のように相互に機能することが求められる。

　本来，私たちが暮らす地域は，人々が住み，働き，育つ生活圏であり，また，自己実現や人間発達の場であるともいえる。私たちが住む地域社会がどのような人々にとってもそのような場になるように，行政と住民が共に力を合わせて働きかけていくことが今後の地域福祉には求められている。

注

1）厚生労働省『平成28年版　厚生労働白書』2016年，p.5
2）「一人ひとりを包摂する社会」特命チーム「社会的包摂政策を進めるための基本的考え方（社会的包摂戦略（仮称）策定に向けた基本方針）」2011年
3）厚生労働省「地域における『新たな支え合い』を求めて―住民と行政との協働による新しい福祉」2008年
4）大阪府社会福祉協議会『社会福祉協議会だからできた誰も制度の谷間に落とさない福祉―経済的援助と総合生活相談で行う社会貢献事業』ミネルヴァ書房，2013年，pp.17-79
5）妻鹿ふみ子編著『地域福祉の今を学ぶ―理論・実践・スキル』ミネルヴァ書

房，2010 年，p. 5
6) 濱島朗・竹内郁郎・石川晃弘編『社会学小辞典』有斐閣，1997 年，p. 197
7) 前掲，p. 197
8) 中央社会福祉審議会「コミュニティ形成と社会福祉」1971 年
9) 園田恭一『現代コミュニティ論』東京大学出版会，1978 年，p. 76
10) 阿部志郎『地域福祉の思想と実践』海声社，pp. 11-12
11) 厚生労働省『平成 28 年版　厚生労働白書』2016 年，p. 59
12) 前掲，p. 61
13) 厚生労働省『平成 27 年版　厚生労働白書』2015 年，p. 159
14) 牧里毎治・杉岡直人・森本佳樹編『ビギナーズ地域福祉』有斐閣，2013 年，p. 74
15) 厚生労働省「これからの地域福祉のあり方に関する研究会報告書」2008 年
16) パットナム，R. D.（芝内康文訳）『孤独なボウリング―米国コミュニティの崩壊と再生』柏書房，2006 年，pp. 352-355
17) 上野谷加代子・松端克文・山縣文治編『よくわかる地域福祉（第 5 版）』ミネルヴァ書房，2013 年，p. 2
18) 右田紀久恵・井岡勉編著『地域福祉―今問われているもの』ミネルヴァ書房，1984 年，p. 71
19) 日本地域福祉学会編『地域福祉辞典』中央法規，2006 年，p. 12

参考文献

阿部志郎『地域福祉のこころ』コイノニア社，2004 年
大橋謙策編『ケアとコミュニティ―福祉・地域・まちづくり』ミネルヴァ書房，2014 年
鳥越皓之『「サザエさん」的コミュニティの法則』NHK 出版，2008 年
内閣府『平成 29 年版　子供・若者白書』2017 年

第2章 地域福祉の思想と理論

第1節 地域福祉の思想

1．地域福祉の思想と概念

　思想―理論―学説の3段階を設けてみると，地域福祉は思想の段階を飛び越えてきており，今日の段階でみると，幾多の理論が誕生したばかりでなく，学説の段階に到達してきている。

　地域福祉の思想とは何か。それは地域福祉にまつわる現実の出来事（状況・経験・認識）を地域で生活する立場から感じ考え（態度・姿勢・対応），地域で行う福祉や地域が行う福祉はどうあるべきか（方法・手段・理念）をまとめた考え方の体系のことである。つまり，地域福祉問題の状況・経験・認識に対しての態度・姿勢・対応から生み出される方法・手段・理念の総体，これが地域福祉の思想である。

　地域福祉の思想は単一ではなく，いくつかのもので複合している。たとえば，岡村重夫はその論文のなかで，①主体的人間性，②生活者思想，③多元主義的社会観と福祉コミュニティ，④基本的人権思想を説いた[1]。阿部志郎は同じく，「地域福祉は，条件に恵まれた者と恵まれぬ者，マイノリティとマジョリティとが『共に生きる』ことの実践課題の追求であるが，…中略…コミュニティは人間の実存にかかわる問題であり，地域福祉の思想は，それを基底と

して成立する[2]」と思索していた。

　地域福祉に含まれる思想の内容は多岐にわたって抽出できる。共生，多様性，完全参加と平等，ソーシャル・インクルージョン，エンパワーメントにクオリティ・オブ・ライフ，等々。とりわけ地域福祉の思想として普遍的・一般的に定着してきたものとして，ボランタリズムやノーマライゼーションの考察は欠かせない。

2．地域福祉の思想と展開
(1) ボランタリズム

　「地域福祉の核となるのは，ボランタリズムの思想である[3]」。ボランタリズムは，社会的問題への取り組みを，問題によっては国や地方自治体が直接行うより，自発的な意志をもつ民間非営利の各種団体や地域住民が行うほうが適切と考える思想である。これは無報酬で時間や労力を提供するボランティア活動の根源ともなる思想である。

　では，ボランタリズムはどのようなあらわれ方をするのであろうか。その動態については3つの運動的なあらわれ方をする（図2-1）。「共感」のボランタリズムは直接サービスとして体現していき，「創造」のボランタリズムは実験的・開拓的に事業化していく。そして，「抵抗」のボランタリズムは権力への抵抗・制度や環境の変革に向けてアクション化していく。

　ところで，ボランタリズムは，厳密には①自発性，②自由性，③主体性といった3つの概念が相互関連している[4]。すなわち，①人間の持つ強い意志こそ人間の属性の最たるものとする主意主義を意味する「ボランタリズム」(Voluntarism)，②自己の便益のためにではなく，他者への関心と福祉に向かって動こうとする動機と姿勢をいう「ボランタリーイズム」(Voluntaryism)，③ボランティアになること，またボランティアとして行動することを指す「ボランティアリズム」(Volunteerism)，の3つである。ボランタリズムは，これら3つの概念の総称である。

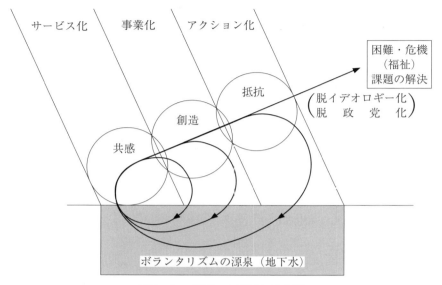

図2-1 ボランタリズムの動態

出所）岡本栄一「ボランタリズムの思想」大塚達雄・阿部志郎・秋山智久編『社会福祉実践の思想』ミネルヴァ書房，1989年，p.144

また，ボランタリズムは4つの性質と性格を併せもつ[5]。① 社会より一歩先に（制度をつくり），② 社会に一歩遅れて（支え），③ 社会とともに（変え），そして ④ 社会に逆らって（越える），というものでニーズに柔軟に対応する。

（2） ノーマライゼーション

障がいのある人びとは街から離れ施設で暮らすべきであろうか。それとも，誰もが同じように街のなかで共に生活するべきか。前者から後者へと考え方を変わらせるのに大きな役割を果たしたのが，ノーマライゼーションである。

ノーマライゼーションは，どのような理念に立つのであろうか。それは，障がいがある方にもごく当たり前の生活をしていただこうという考え方である。たとえ障がいがあっても，その人を対等な人として受けとめ，同時に，その人の生活条件を普通の生活条件と同じようにすることを目指す。障がいのノーマル化ではなく，障がいがある人の生活条件をノーマライズする，そうした文化

が市民のなかにも育つことを意図している。

　ノーマライゼーションが世界で初めて法律に盛り込まれたのは1959年制定のデンマーク精神遅滞者福祉法であった。この法の起草に尽力したのが，ノーマライゼーションを目指し，追求し，発展させた人物である，バンク-ミケルセン（Bank-Mikkelsen, N. E.）である。デンマークではその法制定後，施設の廃止に向けた取り組みやグループホームを中心とした環境整備，学校教育や福祉施策の改革に着手されるようになった。

　一方，スウェーデンでは，バンク-ミケルセンとも親交のあったニィリエ（Nirje, B.）が1967年の知的障害者援護法の制定に尽力し，1969年にノーマライゼーションの具体的目標として，「ノーマライゼーションの原理」を発表した。この原理はスウェーデンの障害者施策の指針となるばかりでなく，世界各国の福祉関係者の注目の的ともなっていった。そして，1969年に示されたこの原理は，その後何度か文言の修正が重ねられ，1993年には次の基本的枠組みが示されている[6]。

① 1日のノーマルなリズム
② 1週間のノーマルなリズム
③ 1年間のノーマルなリズム
④ ライフサイクルにおけるノーマルな発達的経験
⑤ ノーマルな個人の尊厳と自己決定権
⑥ その文化におけるノーマルな性的関係
⑦ その社会におけるノーマルな経済的水準とそれを得る権利
⑧ その地域におけるノーマルな環境形態と水準

　今日，日本ではノーマライゼーションを具体化するためにさまざまな施策が講じられるようになったが，その具体化のための方法としてバリアフリーやユニバーサルデザインなどの考え方も法制度に取り入れられた。ノーマライゼーションは日本のみならず世界各国の福祉体制創出のモデルとなり，影響を与え続けている。

第2節　地域福祉の理論

1．地域福祉の理論と概念

　地域福祉が登場し，地域を基盤とした福祉の体系が重視されるようになって久しい。地域福祉は地域における福祉コミュニティの形成を目指すものといえる。それは地域社会をコミュニティ形成へと導く方法として広まってきている。

　地域福祉の理論とは何か。それは，① 地域福祉の事象について理解可能な体系的な知識のこと（＝説明）で，② 地域福祉の政策や実践に役立つもの（＝発展）かどうか検証でき，③ 地域福祉を志向する学者研究者による学説を含むもの（＝見解）である，というように措定できる。つまり，地域福祉の理論（地域福祉論ないし地域福祉の理論と方法）は，地域福祉を一般化・普遍化するように説明できる，地域福祉を適切に発展させることが可能な，地域福祉に対する見方の基礎となるものである。

　そうした学問としての地域福祉が産声をあげたのは1970年頃で，理論的体系化に貢献した最初の学者は岡村重夫である。その代表的著作に『地域福祉研究』(1970)と『地域福祉論』(1974)がある。

　岡村は当初，『地域福祉研究』では，地域福祉の下位概念を ① 地域組織化，② 予防的社会福祉サービス，③ コミュニティケア，④ 収容保護サービスから成立すると説いていた。しかし，その後の『地域福祉論』では，① コミュニティケア，② 地域組織化活動（一般的地域組織化活動，地域福祉組織化活動），③ 予防的社会福祉の3つの要素からなることを導いた。

　岡村は，すべての"地域福祉"に欠くことのできない条件として自発的共同性をあげている。地域福祉にとってもっとも基本的な性格というものが，まず何よりも生活者としての住民の主体性と社会性を育めるような援助活動にあることを彼は強調していた。

　「福祉コミュニティ」(Welfare Community)という用語を日本で最初に用いた

のも岡村重夫である。かつて全国社会福祉協議会の要職にあった永田幹夫は，地域福祉の内容を ① 在宅福祉サービス，② 環境改善サービス，③ 組織活動で構成していた。しかし，「その後多くの研究者や実務者により論議され，検証が進められたが，…中略…大枠では岡村理論をこえるものは現在なお，見いだしえない」と2000年の時点で，評価している。[7]

2．地域福祉の理論と体系

　地域福祉理論を扱った文献は数多くある。これまで地域福祉の概念形成をめぐり複数の地域福祉論が提起されている。既存の地域福祉理論による概念がどのように類型化されているのか，よく知られているのは牧里毎治の類型化の試案であり，他に鈴木五郎，京極高宣，岡本栄一などの試みがある。

(1) 1990年代以前の地域福祉の体系

　地域福祉がいかなる体系をもっているのか，その探究の契機となったのが鈴木五郎 (1981) による，1980年に至るまでの主要な地域福祉理論からその構成要件を析出する試みであった。鈴木は，① 地域で福祉サービスを整備・統合化する (A. 在宅福祉サービス，B. 地域福祉計画)，② 地域で住民福祉活動を組織化する (C. 要援護者・ボランティア・地区住民参加の地域組織化活動，D. 福祉教育・情報提供サービス) という2本の柱 (① ②) と4つの項目 (A～D) で捉えている。

　これに対し，こうした分類整理の視点なり枠組みが必ずしも明確でないとして，牧里毎治が，構造的アプローチと機能的アプローチとに二分化した（厳密には前者は制度政策論的と運動論的アプローチに，後者は主体論的と資源論的アプローチから成る）。牧里の学説は，岡村重夫，永野幹夫，三浦文夫，右田紀久恵，真田是といった学説を含む1980年代までの地域福祉理論の諸説における「構造と機能」（「闘争と調和」）といった切り口からその論点が整理され，各々の理論の特長をつかむのに役立てられた。

（2） 1990年代における地域福祉の体系

1990年の社会福祉事業法改正と軌を一にするように，京極高宣（1990）は「サービス体系，基盤整備，方法の体系」を示した。京極はその具体的中身として，① 啓蒙活動（A. 福祉教育，B. ボランティア振興），② 在宅福祉（A. 予防的福祉増進活動，B. 在宅ケアサービス，C. 施設利用サービス），③ 住民参加・組織化（A. 組織化，B. 資金造成活動，C. 地域福祉計画化），④ 環境整備をあげている。

福祉の計画行政化を背景に，牧里毎治（1995）は，「構造と機能」の観点以外にも，住民側の視点からサービス体系と供給システムからなる融合体として地域福祉を論じた。この時期，牧里は，①「地域ケア・サービス」としての在宅サービス，② 予防的社会福祉，環境改善としての「アクセス・サービス」，③ 住民の主体形成をはかる「組織化活動」，④ 地域福祉の「推進活動」を地域福祉の体系と捉えている。

（3） 2000年代以降の地域福祉の体系

2000年の社会福祉法成立を背景に，岡本栄一（2003）は「地域福祉論の4つの志向軸」を整理した。岡本は，① 福祉コミュニティの形成，② 福祉サービスの地域的展開，③ 地方自治体を中心とする福祉サービスの推進，④ 住民参加，住民の主体形成の4つの統合として地域福祉を構成している。この考え方のもとになったのは，場―主体の地域福祉論であり，牧里毎治の「構造・機能」に代わる新たな展開を意味した。ここでは4つのドメイン（領域）が設けられ，代表的な地域福祉理論が「場」に志向性をもつものと，「主体」に志向性をもつものという大きく2つに分かれることが理解される（図2-2）。

日本のコミュニティソーシャルワークの提唱者で知られる大橋謙策（2005）は，「地域福祉という新しい社会福祉の考え方とサービスシステム」を成立させる観点からまとめた。大橋は，① 在宅福祉サービスの整備，② 在宅福祉サービスと保健・医療・その他関連するサービスを有機的に，総合的に展開できるサービスシステムの構築，③ 近隣住民の社会福祉への関心と理解を深め，ソーシャルサポートネットワークを展開できる福祉コミュニティづくり，④

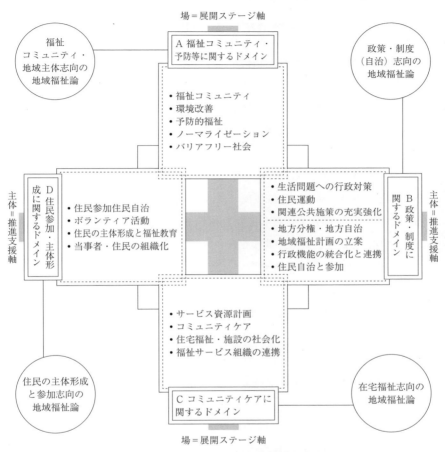

図2-2　4つの領域と4つの地域福祉論

出所）岡本栄一「場―主体の地域福祉論」『地域福祉研究』第30号, 日本生命済生会, 2002年, p.11

在宅が可能になるような住宅保障と社会交流サービスの保障, ⑤ユニバーサルデザインによる都市環境の整備など生活環境の整備の5点を直接的要件としている[8]。個々人が地域で自立した生活ができる地域福祉の構想の一端を垣間見ることができる。

第3節　現代における地域福祉の思想と理論の課題

1．地域福祉思想を支える人間性

　地域福祉の思想といっても，それを根底から支え導く「福祉の心」や「人間性」が大切になる。そこでは，地域福祉への想いを同じくする者がどう増えていくかが鍵を握るのは当然であるにしても，地域福祉の意味を理解することは，一人ひとりの人間を大切にしようとする「福祉の心」を明確に意識化し，人間性を高めることにあるのではなかろうか。

　そうだとすると，私たち地域住民は最低限の福祉意識・精神を備える必要がある。それは，①自分が暮らしている地域への愛着・愛情・誇り・郷土意識であり，②自分が住む地域の問題を自ら発見，解決しようとする意識であり，③地域の一人ひとりが肩を寄せ合い，励まし合い，皆の声が地域に反映される民主主義であり，④生活上の不安や悩み，問題について当事者同士，近隣同士，地域同士で助け合う相互扶助の精神であり，⑤誇り高き社会活動として，あるいは自分の人生観として自分のためにすることであるボランティア精神＝ノーブレス・オブリージュ，ということができる。

　私たちの生活問題の発生にはさまざまな要因が想定される。高齢や障がい，家族構成，住宅，所得，環境，生活様式，就労形態等々。これらは地域という濾過装置を通して住民に大なり小なり影響していく。この地域の濾過装置に福祉的機能という予防接種剤が備わっている地域とそうでない地域とでは，同様の発生要因であってもその影響の仕方は異なってあらわれてくる（図2-3）。つまり，問題が軽減できる地域もあれば，増幅してしまう地域もある。

　このことからも明らかなように，福祉の心や人間性が欠如した地域とは，〈地域という濾過装置に福祉的機能という予防接種剤が備わっていない地域〉であることは想像に難くない。すなわち，福祉の心をもつ住民が多数を占める地域と，福祉の心をもたない住民が多数を占める地域とでは，地域福祉への取り組みには大きな違いが生じるということになる。住民は地域福祉への貢献を

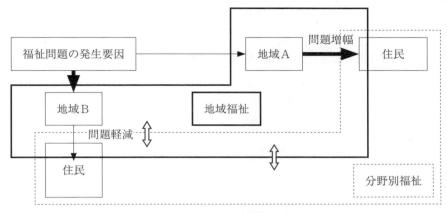

図2-3 地域社会の福祉機能

出所）津止正敏「福祉とコミュニティ　地域福祉臨床の視点」『立命館人間科学研究』第2巻，2001年，p.137

可能とする人間性を身につけなくてはならない。

　地域福祉への貢献を可能とする人間性は，見方・考え方はさまざまであろうが，① 信頼関係が築ける人間性，② 気持ちの優しい人間性，③ 問題解決に必要な能力をもつ人間性，④ 相手を受容する人間性，⑤ 人々にできる活動を考える人間性，⑥ 主体的に生活ができる人間性，⑦ 人の声（意見）に応える人間性，⑧ 愛情がもてる人間性，⑨ 住民と協調できる人間性といった概念がある[9]。

　これら人間性の概念が表出していると思われる現場実践は少なくない。そうした地域福祉の姿を共有することもまた"地域福祉の思想"に欠くことのできない条件といえる。

2．地域福祉理論への尽きない探究

　およそ40年前に述べられた，次の見解に耳を傾けよう。

　「人間の幸せ，社会の福祉，ということについては誰でもが考える。その実現の前提として，条件，方法，手段が考えられるのだが，その又条件，方法，手段というふうに，どんどん問題が細分化されていって袋小路に入り込み，本

来の目的を見失いがちなのが今日の姿である。

　崖の上に美しい花が咲いている。その花を取りたいため，人々は，どのくらいの長さの梯子が要るとか，その材質は何が良いとか，強度はどうかといったことで，カンカンガクガクの論議をしたり，争ったりして，美しい花をなかなか取ることが出来ないでいる。」[10)]

　地域福祉本来の目的は何か。公的文書としては2003年の「2015年の高齢者介護」に端を発する「地域包括ケアシステム」（医療，介護，介護予防，住居，生活支援が一体的に提供される仕組み），さらには2016年の「ニッポン一億総活躍プラン」から用いられるようになった「地域共生社会」（すべての人々が地域，暮らし，生きがいを共に創り，高め合うことができる社会）は，地域福祉における新たな論点でもある。

　そもそも日本の地域福祉は，初期の頃にはアメリカに起源をもつコミュニティオーガニゼーションとイギリスに起源をもつコミュニティケアを現地化したものである。今日まで地域福祉の推進に影響を与えてきた要因は数多い。とりわけ90年代の福祉改革，地方分権化，供給システムの多元化によって地域福祉のポスト構造・機能アプローチが求められるようになり，これまでに三浦文夫に代表される「在宅福祉型地域福祉論」から右田紀久恵に代表される「自治型地域福祉論」[11)]や大橋謙策に代表される「参加型地域福祉論」が形成されてきている。また牧里毎治も，「構造と機能」を発展させ，住民参加や市民参加を可能とする主体形成を強調した「住民自治型地域福祉」（自己組織型の地域福祉）を展開し，さらには古川孝順のように「地域福祉型・地域自治型社会福祉」といった立場もみられる。

　ここでは大橋謙策の参加型地域福祉論と双璧をなすとされる[12)]右田紀久恵の自治型地域福祉論を簡単ではあるが紹介する。右田は，「地域福祉は地域社会における住民の生活の場に着目し，生活の形成過程で住民の福祉への目を開き，地域における計画や運営への参加を通して，地域を基礎とする福祉と主体力の形成，さらに，あらたな共同社会を創造してゆく，1つの分野である」[13)]として

第 2 章　地域福祉の思想と理論　21

図2-4　地域福祉の構造と内容

出所）森本佳樹「システム論的視点からの地域福祉論確立の試み」『立教大学コミュニティ福祉学部紀要』第18号，2016年，p.231

いる。そして,「地域福祉は,旧い『公共』の概念を,新しい『公共』に転換させるという,きわめて重要な役割を担っている」と指摘している[14]。それ故,今後の地域福祉の内実は地方自治のあり方に左右される,「地方自治の課題としての地域福祉」が問われていると読み取ることもできる。

なお,最後に「地域福祉らしさ」を追求した,「システム論的地域福祉論」確立の立場から森本佳樹(2016)の理論を加えておきたい[15]。森本は,地域福祉がどのような構造をしており,どのような内容を含んでいるか,講義ノート18年間の積み重ねのなかから明確に図示している(図2-4)。地域福祉の3つのフェイズ(位相)である①地域福祉サービス,②地域福祉活動,③地域福祉の基盤整備からなる構造は,地域福祉の現状把握やこれからの課題を評価するのに示唆的である。

今日の地域福祉理論は従来までとは異なり,豊かな内容で構成されてきており,立論も多岐にわたっている。今後も時代と社会の要請に応えていくなかで新しい地域福祉理論が誕生していくことは間違いないであろう。

注

1) 岡村重夫「地域福祉の思想」『大阪市社会福祉研究』第16号,1993年,pp.3-10
2) 阿部志郎「地域福祉の思想」小沼正編『社会福祉の課題と展望』川島書店,1982年,pp.46-47
3) 阿部志郎『福祉の哲学』誠信書房,1997年,p.85
4) 三本松正之「地域福祉とボランティア」森井利夫編『現代のエスプリ321 ボランティア』至文堂,1994年,pp.45-46
5) 阿部志郎『社会福祉の思想と実践』中央法規,2011年,p.21
6) ベンクト・ニィリエ著,河東田博・橋本由紀子・杉田穏子訳編『ノーマライゼーションの原理』現代書館,1998年,p.130
7) 永田幹夫『改訂二版 地域福祉論』全国社会福祉協議会,2000年,p.5
8) 大橋謙策「地域福祉の歴史的展開と考え方」『新版・社会福祉学習双書』編集委員会編『地域福祉論』全国社会福祉協議会,2005年,p.6およびp.24
9) 谷川和昭・趙敏廷・高尾茂子・原直子・張允禎「地域福祉への貢献を可能とする人間性の概念化」『人間関係学研究』第18巻第2号,2013年,pp.11-20

10) 坂下修「自分を生かす道」小野顕編『ボランタリズムの思想と実践』社会福祉研究所，1979年，p.214
11) 右田紀久恵『自治型地域福祉の理論』ミネルヴァ書房，2005年
12) 牧里毎治「住民主体をめぐる地域福祉理論」井岡勉監修『住民主体の地域福祉論』法律文化社，2008年，p.29
13) 右田紀久恵，前掲書，pp.7-8
14) 右田紀久恵，前掲書，p.10
15) 森本佳樹「システム論的視点からの地域福祉論確立の試み」『立教大学コミュニティ福祉学部紀要』第18号，2016年，pp.221-233

参考文献

阿部志郎『地域福祉のこころ』コイノニア社，2004年
稲葉一洋『新　地域福祉の発展と構造』学文社，2016年
上野谷加代子『たすけられ上手　たすけ上手に生きる』全国コミュニティライフサポートセンター，2015年
岡村重夫『地域福祉論　新装版』光生館，2009年
松端克文『地域の見方を変えると福祉実践が変わる』ミネルヴァ書房，2018年
三浦文夫・右田紀久恵・大橋謙策編『地域福祉の源流と創造』中央法規，2003年

第3章 地域福祉の形成と発展

第1節 「地域福祉」成立期以前の流れ

1. イギリスにおける地域福祉の源流

　19世紀後半に地域福祉の源流となる慈善組織協会（以下、COS）活動とセツルメント運動が展開された。COS活動は、1869年にロンドンにおいて設立された以後、各地に普及し、アメリカで大きく発展した活動であり、ケースワークとコミュニティ・オーガニゼーションの起源となった活動である。COS活動では、郡や市に慈善組織協会が置かれ、友愛訪問員が担当地域に住む要援護者の個別的な調査を行うことで、サービスの遺漏や重複と費用の節減を目的とした。また、このような効率的な物的サービスの提供だけでなく、個別処遇を取り入れるなど進んだ活動であったが、一方で友愛訪問員が要援護者を精神的に指導し、人格を矯正しようとする思想的なもとで行われた活動でもあった。

　もう一方のセツルメント運動は、1884年バーネット（Barnett, S. A.）夫妻がロンドンのスラム街にトインビー・ホールを創設し、始めた運動であり、グループワークの起源となっている。セツルメント運動とは、貧困者の生活やスラム街の改善を目指した社会活動であり、知識人がスラムに定住し、人格的な接触をつうじて連帯し合うコミュニティを形成するという思想に基づき実践されていた。その後、セツルメント運動はイギリス全土に広まり、COS活動と同

様にアメリカにおいて発展を遂げている。

2．アメリカにおける地域福祉の源流

　イギリスのCOS活動とセツルメント運動は，アメリカにおいて大きく発展し，ソーシャルワークの方法論を生み出していった。COS活動は，1877年バッファロー市において，アメリカで初めてのCOSが結成され（バッファロー協会），これ以後，多くの都市で取り組まれた。また，ロンドンのトインビー・ホールで学んだスタントン・コイト（Coit, S.）やジェーン・アダムス（Adams, J.）らによってセツルメント運動も展開された。コイトは，1886年にニューヨークで隣人ギルド，アダムスは1889年シカゴにおいてハル・ハウスを設立し，社会改良に取り組んでいる。これらのセツルメント運動は，イギリスの思想を継承しつつも，当時，自らの権利を守る組織を有していなかった都市スラムに定住していた未熟練労働者やその家族に対し，学習会，さまざまなクラブ活動，共同保育などの活動をつうじて，それらの者の組織化を目指し発展していった取り組みであった。

　そして，これらの活動からコミュニティ・オーガニゼーション（以下，CO）が理論化され，その後の社会状況の変化に即した理論の変遷をたどりながらソーシャルワークの方法論のひとつに位置づけられ，今日に至っている。

3．わが国における地域福祉の源流

　明治期から第2次世界大戦前のわが国においては，1874（明治7）年の「恤救規則」や1929（昭和4）年に制定された「救護法」，1938（昭和13）年の「社会事業法」など，政府による救貧事業や社会事業の下で，地方自治体や住民，慈善事業家らによって地域における福祉活動が行われていた。そのなかでも，今日の民生委員制度の源流となる1917（大正6）年の岡山県による済世顧問制度，1918（大正7）年大阪府による方面委員制度は代表的な活動であった。後にこの活動は全国に普及し，1936（昭和11）年には「方面委員令」によって制

度化された。

また，1891（明治24）年にアダムス（Adams, A. P.）が岡山博愛会を開設し，わが国初のセツルメント運動が行われた。この後も，1897（明治30）年片山潜によって創設されたキングスレー・ホールをはじめ，宗教関係者，大学関係者による都市型セツルメントが展開された。一方，農村においても，隣保相扶・隣保共助のもとで農繁期託児所の設置や隣保事業，共同炊事と衛生状態の改善などの農村社会事業が行われていた。

第2節　海外における地域福祉の歩み

1．イギリスにおける地域福祉の歩み

第2次世界大戦中のイギリスでは，福祉国家のはじまりといわれるようになった契機となる「ベヴァリッジ報告」が1942年に出され，戦後の社会保障制度の基礎となった。このなかでは，5つの巨人悪（窮乏，疾病，不潔，怠惰，無知）に対する総合的な政策の必要性が強調され，最低生活の保障の原則，均一拠出・均一給付の原則，一般性の原則の3原則が示されている。

1968年になると「シーボーム報告」が出され，分野ごとに分かれていた地方自治体の部門を一本化し，コミュニティを基盤にした総合的な福祉サービスを提供していくとともに，これに伴うジェネリックソーシャルワーカーの配置が提案された。この報告書は，イギリスのコミュニティケアの進展に大きな影響を与え，1970年に「地方自治体社会サービス法」が制定されている。この結果，地方自治体の分野ごとに分かれていた福祉関係部門が統合され，社会サービス部が設置された。社会サービス部には多くのソーシャルワーカーが配置され，コミュニティを基盤とした総合的なサービスを提供する体制が整えられた。

1978年になると民間非営利部門が担っていく役割と機能と，インフォーマル部門，公的部門，民間営利部門，民間非営利部門の連携と，ネットワーク化

の重要性が「ウルフェンデン報告」によって示され，こののち，福祉多元主義という考え方が広まっていった。

その後，1982年にソーシャルワーカーの任務と役割について検討していたバークレー委員会の「バークレー報告」のなかで，コミュニティソーシャルワークとパッチシステムが提唱されている。

1988年になると，コミュニティケア推進のための指針である「グリフィス報告」が公表された。このなかでは，ケアマネジメント，市場原理の導入による選択肢の拡大，高齢者に関係する公的扶助財源の地方自治体への移管などが提唱された。そして，この報告に基づき，1989年『コミュニティケア白書』が出され，この翌年（1990年）には，白書を基にした「国民保健サービスとコミュニティケア法」が制定されている。この法律により福祉サービスを供給する組織の多元化がもたらされ，地方自治体の役割がサービス供給主体から条件整備主体へと転換していくことになった。また，地方自治体の社会サービス部におけるケアマネジメント実施が義務づけられるとともに，施設・在宅福祉サービスの権限および財源の地方自治体への移管と苦情処理システムの導入が図られた。

2．アメリカにおける地域福祉の歩み

COは，1939年の全米社会事業会議のCO委員会報告書，通称「レイン報告書」によって体系化された。このなかでは，COは地域に存在する公私のさまざまな資源の活用・調整・開発により，地域問題の解決を図っていくことが主たる機能であるというニーズ・資源調整説が示された。1947年には，ニューステッター（Newstetter, W. I.）によってインターグループワーク説が理論化された。インターグループワーク説とは，地域問題の解決のために，地域社会を構成しているさまざまな下位集団のリーダーが協議し，集団間に良好な協力関係を築いた上で，協議結果に基づいた活動をそれぞれの下位集団が展開していくという方法論である。つまり，地域問題を解決するために，ニーズと資源を

どのような方法で調整していくかを具体的に示したものであるといえる。

1955年になるとロス（Ross, M. G.）によって組織化説が示された。当時のアメリカは、地域社会の結びつきが低下していたため、地域を構成している下位集団の活用を前提としたインターグループワーク説への危惧が深まっていた。このような状況のなかで示された理論が組織化説である。組織化説は、地域問題の解決よりも、住民参加やその態勢づくりのプロセスを重視する方法論である。

1960年代に入ると、人種差別や貧困問題など社会問題の顕在化によりコミュニティワーク理論は多様化していった。1968年にロスマン（Rothman, J）は、これら多様化したコミュニティワーク理論を「小地域開発モデル」「社会計画モデル」「ソーシャルアクションモデル」の3つのモデルに類型化している。類型化されたモデルの特徴をみていくと、小地域開発モデルは、小地域社会を対象に地域住民の連帯や地域における諸集団の調和を目標にし、住民の問題解決プロセスへの参加を重視している。社会計画モデルは、地域が抱えている問題の解決を目標とし、社会資源を効率的に配分するための計画技術を重視しているモデルである。また、ソーシャルアクションモデルは、マイノリティの人びとを組織化するとともに、地域社会の権力構造を変革することを目標とし、権力構造との闘争対決を重視しているところに特徴がある。

第3節　わが国における地域福祉の歩み

1．1940〜1950年代の地域福祉

第2次世界大戦後、GHQ（連合国軍最高司令官総司令部）は、無差別平等、国家責任・公私分離、必要充足の3原則を「社会救済」（SCAPIN775）によって示し、このもとで1946（昭和21）年「生活保護法」、1947（昭和22）年「児童福祉法」、1949（昭和24）年「身体障害者福祉法」が制定され、「福祉三法」時代になった。1950（昭和25）年には欠格条項、保護請求権や不服申し立て権の否定

を含んだ「生活保護法」が全面的に改正され，現在の「生活保護法」が制定されるとともに，1951（昭和26）年に社会福祉の基本法となる「社会福祉事業法」が制定されたことで，社会福祉の基本的な枠組みが確立された。

　1947（昭和22）年に社会事業共同募金中央委員会が発足し，国民たすけあい共同募金運動が全国一斉に展開されている。また，この頃はボランティア活動も徐々に始まり，BBS運動やVYS運動などの活動も始動した。1951（昭和26）年には日本社会事業協会，全日本民生委員連盟，恩賜財団同胞援護会が解散，統合され，中央社会福祉協議会（1955年に全国社会福祉協議会に改称）が創設されるとともに，同年，中央社会福祉協議会及び都道府県社会福祉協議会が「社会福祉事業法」のなかで法定化された。

2．1960～1970年代の地域福祉

　1962（昭和37）年に全国社会福祉協議会は，「社会福祉協議会基本要項」を策定し，社会福祉協議会の基本方針を示したが，1967（昭和42）年になると行政管理庁が厚生省（当時）に示した「共同募金に関する再勧告」のなかで社会福祉協議会への配分が批判されたことで，社会福祉協議会は民間の財源を失うこととなり，この後，行政に依存する団体としての色合いが強くなっていった。

　1962（昭和37）年には徳島県と大分県の社会福祉協議会に善意銀行が設立されるとともに，1963（昭和38）年には，「老人福祉法」のなかで在宅福祉サービスに位置づけられる家庭奉仕員派遣事業が法定化された。さらに同年には，全国社会福祉協議会に企画指導員，都道府県社会福祉協議会（指定都市社会福祉協議会は，1965年）に福祉活動指導員，1966（昭和41）年には市町村社会福祉協議会に福祉活動専門員が配置されるなど，社会福祉協議会における専門職化が進んだ。1965（昭和40）年になると，大阪ボランティア協会の設立や，行政委嘱による制度化されたボランティアとして身体障害者相談員（1967年）や精神薄弱者相談員（現：知的障害者相談員，1968年）も配置された。

　また，高度経済成長の歪みにより高齢者や母子家庭，障がい者などの生活に

深刻な影響を与える状況に至ったため,「老人福祉法」(1963年) や「精神薄弱者福祉法（現：知的障害者福祉法)」(1960年),「母子福祉法（現：母子及び父子並びに寡婦福祉法)」(1964年) が制定された。これにより，社会福祉法体制も従来の福祉三法から福祉六法体制となり充実が図られた。だが，地域福祉に関わる人材やサービスが整えられつつあった一方で，地域福祉推進の中核となる社会福祉協議会は財源の確保といった新たな課題への対応を迫られていた。

1975（昭和50）年には市町村社会福祉協議会の奉仕センター（現：ボランティアセンター）に国庫補助が開始されるとともに，1976（昭和51）年には全国社会福祉協議会に中央ボランティアセンター（1977年に全国ボランティア活動センターに改組）が発足している。また，1977（昭和52）年から国庫補助事業として，学童・生徒のボランティア活動普及事業が実施され，同年，ボランティア保険も創設された。1979（昭和54）年になると全国社会福祉協議会は「在宅福祉サービスの戦略」を発表し，在宅福祉サービスを提供していく中核に社会福祉協議会を位置づけるとともに，在宅福祉サービスの概念や課題などが示された。

3．1980年以降の地域福祉

1981（昭和56）年の中央社会福祉審議会の意見具申「当面の在宅老人対策のあり方」のなかでは，在宅福祉サービスの確立や所得制限の撤廃によるすべての高齢者へのサービス提供，インフォーマルなサービスを組み込んだ供給システムを整えていく必要性が示された。こうしたなか，在宅福祉サービスの対象外であった一般高齢者世帯などに対する住民参加型在宅福祉サービスが各地で展開されていくこととなる。

1983（昭和58）年には，市町村社会福祉協議会が社会福祉事業法のなかで法定化されるとともに，1985（昭和60）年から福祉ボランティアまちづくり事業も実施されている。1989（平成元年）年中央社会福祉審議会，身体障害者福祉審議会，中央児童福祉審議会の3審議会により設置された「福祉関係3審議会合同企画分科会」から「今後の社会福祉のあり方について」という意見具申が

なされ，市町村の役割重視，在宅福祉の充実，民間福祉サービスの健全育成，福祉と医療・保健の連携強化・統合化，サービスの総合化・効率化のための情報提供体制の整備などが示された。このようにボランティアに関する環境が整えられるとともに，在宅を中心とした福祉サービスの提供が強調されるようになった。

　1990（平成2）年「老人福祉法等の一部を改正する法律」が成立し，ホームヘルプ，ショートステイ，デイサービスが第2種社会福祉事業となり，それぞれのサービスの位置づけが明確になった。また，高齢者，身体障がい者に関する権限・事務も町村へ移譲されるとともに，在宅福祉に関わるサービスを企画・実施する団体として市町村社会福祉協議会が位置づけられた。1992（平成4）年には，全国社会福祉協議会によって「新社会福祉協議会基本要項」が策定され，地域福祉を総合的に推進していく方針が示された。そして，1993（平成5）年に厚生省は「国民の社会福祉に関する活動への参加の促進を図るための措置に関する基本的な指針」を告示，同年，中央社会福祉審議会地域福祉専門分科会から意見具申「ボランティア活動の中長期的な振興方策について」が出され参加型福祉社会が提起されるなど，ボランティア振興が活発化した。

　2000（平成12）年に公布された「社会福祉の増進のための社会福祉事業等の一部を改正する法律（社会福祉法）」のなかで，市町村地域福祉計画，都道府県地域福祉支援計画の策定，社会福祉協議会・共同募金・民生委員・児童委員の活性化が図られ，地域福祉推進のための環境が整えられた。また，1997（平成9）年の「児童福祉法」改正をはじめとして，2000（平成12）年の「介護保険法」施行，2003（平成15）年の「支援費制度」（2005年「障害者自立支援法」に移行，その後，障害者総合支援法となる）により，福祉サービスの利用方法が措置制度から利用制度（児童福祉分野では，保育所が利用制度に移行）へと移行するとともに，利用者への情報提供や情報開示，利用者保護や苦情解決等にむけた新たな仕組みも創設された。2002（平成14）年に精神障がい者の福祉に関する事務，2003（平成15）年には知的障がい者に関する事務が住民にもっとも身近な市町

村に移譲された。

　さらに近年の動向をみると，高齢者福祉分野で2011（平成23）年に地域包括ケアシステムの実現を目指した「介護保険法」の改正が行われるとともに，2016（平成28）年には社会福祉法人制度改革を盛り込んだ改正「社会福祉法」が成立し，一定の条件下ではあるが地域における公益的活動が社会福祉法人に義務付けられた。これらの法改正で，地域福祉を推進していく体制がより一層整えられたといえるであろう。

参考文献
稲葉一洋『地域福祉の発展と構造』学文社，2007年
井村圭壯・谷川和昭編著『地域福祉分析論』学文社，2005年
社会福祉士養成講座編集委員会編『地域福祉の理論と方法』中央法規，2009年
仲村優一『社会福祉学習双書　社会福祉事業方法論Ⅰ』全国社会福祉協議会，1985年
永田幹夫編著『社会福祉学習双書　社会福祉事業方法論Ⅲ』全国社会福祉協議会，1985年
社会福祉士養成講座編集委員会編『地域福祉論（第2版）』中央法規，2005年
牧里毎治『(改訂版) 地域福祉論』放送大学教育振興会，2006年

第4章 地域福祉の法律と組織

第1節　地域福祉の法律

　地域における社会福祉の推進、いわゆる地域福祉の推進に視点をおいた場合、その主要な関連法律としては以下のものをあげることができる。「地方自治法」「社会福祉法」「地域保健法」「民生委員法」「高齢者，障害者等の移動等の円滑化の促進に関する法律」「ホームレスの自立の支援等に関する特別措置法」「次世代育成支援対策推進法」「特定非営利活動促進法」「介護保険法」「生活保護法」「児童福祉法」「身体障害者福祉法」「知的障害者福祉法」「老人福祉法」「母子及び父子並びに寡婦福祉法」「精神保健及び精神障害者福祉に関する法律」「障害者の日常生活及び社会生活を総合的に支援するための法律」、その他である。

　この節では、行政法である「地方自治法」および主要な関連法律とその法規の一部を概説する。

1．地方自治法（1947年制定・施行）

　地方自治法は、地方自治の本旨に基づいて地方公共団体の区分ならびに地方公共団体の組織および運営に関する事項の大綱を定め、国と地方公共団体との間の基本的関係を確立することにより、地方公共団体における民主的・能率的

な行政の確保を図るとともに，地方公共団体の健全な発達を保障することを目的とした法律である（第1条）。地方公共団体は，住民の福祉の増進を図ることを基本として，地域における行政を自主的かつ総合的に実施する役割を広く担うものとする（第1条の2）。地方公共団体は，普通地方公共団体および特別地方公共団体とする。普通地方公共団体は，都道府県および市町村とする。特別地方公共団体は，特別区，地方公共団体の組合および財産区とする（第1条の3）。また，地方自治法は「普通地方公共団体」「住民」「条例及び規則」「選挙」「直接請求」「議会」「執行機関」「給与その他の給付」「財務」「公の施設」「国と普通地方公共団体との関係及び普通地方公共団体相互間の関係」「大都市等に関する特例」「外部監査契約に基づく監査」「特別地方公共団体」「一部事務組合」「広域連合」その他に関して規定している。

2．主要な関連法律と法規
(1) 社会福祉法（1951年制定・施行）

社会福祉法は，社会福祉を目的とする事業の全分野における共通的基本事項を定め，福祉サービスの利用者の利益の保護および地域における社会福祉の推進を図るとともに，社会福祉事業の公明かつ適正な実施の確保，社会福祉を目的とする事業の健全な発達を図り，社会福祉の増進に資することを目的とした法律である。この法律において，「社会福祉事業」とは「第1種社会福祉事業」と「第2種社会福祉事業」に区分し定義されている。「第1種社会福祉事業」とは，たとえば児童福祉法に規定する乳児院，母子生活支援施設，児童養護施設，障害児入所施設，児童心理治療施設，児童自立支援施設を経営する事業であり，入所施設や経済保護の事業である。「第2種社会福祉事業」とは，たとえば児童福祉法に規定する障害児通所支援事業，障害児相談支援事業，児童自立生活援助事業，放課後児童健全育成事業，子育て短期支援事業，乳児家庭全戸訪問事業，養育支援訪問事業，地域子育て支援拠点事業，一時預かり事業，小規模住居型児童養育事業，小規模保育事業，病児保育事業，子育て援助活動

支援事業，助産施設，保育所，児童厚生施設，児童家庭支援センターを経営する事業，児童の福祉の増進について相談に応ずる事業であり，利用型が中心である。また，社会福祉法は，「地方社会福祉審議会」「福祉に関する事務所」「社会福祉主事」「指導監督及び訓練」「社会福祉法人」「社会福祉事業」「福祉サービスの適切な利用」「社会福祉事業に従事する者の確保の促進」「地域福祉の推進」（包括的な支援体制の整備，地域福祉計画，社会福祉協議会，共同募金など），その他に関して規定している。

（2） 地域保健法（1947年制定・1948年施行）

地域保健法は，地域保健対策の推進に関する基本指針，保健所の設置，その他地域保健対策の推進に関し基本となる事項を定めることにより，母子保健法，その他の地域保健対策に関する法律による対策が地域において総合的に推進されることを確保し，地域住民の健康の保持・増進に寄与することを目的とする法律である。市町村は，当該市町村が行う地域保健対策が円滑に実施できるように，必要な施設の整備，人材の確保および資質の向上等に努めなければならない責務がある。また，都道府県は，当該都道府県が行う地域保健対策が円滑に実施できるように，必要な施設の整備，人材の確保および資質の向上，調査および研究等に努めるとともに，市町村に対し，責務が十分に果たされるように，必要な技術的援助を与えることに努めなければならない責務がある。また国は，地域保健に関する情報の収集，整理および活用ならびに調査および研究，地域保健対策に係る人材の養成・資質の向上に努めるとともに，市町村・都道府県に対し，責務が十分に果たされるように必要な技術的・財政的援助を与えることに努めなければならない責務がある（第3条）。地域保健法は，体系的に，総則（目的，基本理念，責務），地域保健対策の推進に関する基本指針，保健所，市町村保健センター，地域保健対策に係る人材確保の支援に関する計画を規定している。

（3） 民生委員法（1948年制定・施行）

民生委員法は，民生委員に関する事項を規定した法律である。民生委員は，

社会奉仕の精神をもって，常に住民の立場に立って相談に応じ，必要な援助を行い，社会福祉の増進に努めるものとされている（第1条）。この法律は，民生委員の定数，民生委員の推薦，委嘱，主任児童委員，民生委員推薦会，民生委員の担当区域・事項，職務，民生委員協議会，その他を規定している。民生委員は，都道府県知事の推薦によって，厚生労働大臣が委嘱する。都道府県知事の推薦は，市町村に設置された民生委員推薦会が推薦した者について，都道府県に設置された社会福祉法に規定する地方社会福祉審議会の意見を聴くよう努めるものとする（第5条）。民生委員推薦会が，民生委員を推薦するに当たっては，当該市町村の議会の議員の選挙権を有する者のうち，人格識見高く，広く社会の実情に通じ，社会福祉の増進に熱意のある者であって児童福祉法の児童委員としても適当である者について，これを行わなければならない。また，都道府県知事および民生委員推薦会は，民生委員の推薦を行うに当たっては，当該推薦に係る者のうちから児童福祉法の主任児童委員として指名されるべき者を明示しなければならない（第6条）。民生委員は，その職務を遂行するに当たっては，個人の人格を尊重し，その身上に関する秘密を守り，人種，信条，性別，社会的身分または門地によって，差別的・優先的な取扱をすることなく，その処理は，実情に即して合理的に行わなければならないことになっている（第15条）。

（4）高齢者，障害者等の移動等の円滑化の促進に関する法律（2006年制定・施行）

　この法律は，高齢者，障害者等の自立した日常生活・社会生活を確保することの重要性に鑑み，公共交通機関の旅客施設・車両等，道路，路外駐車場，公園施設ならびに建築物の構造・設備を改善するための措置，一定の地区における旅客施設，建築物等，これらの間の経路を構成する道路，駅前広場，通路その他の施設の一体的な整備を推進するための措置，その他の措置を講じることにより，高齢者，障害者等の移動上および施設の利用上の利便性・安全性の向上の促進を図り，公共の福祉の増進に資することを目的とする法律である。国

は，高齢者，障害者等，地方公共団体，施設設置管理者，その他の関係者と協力して，基本方針およびこれに基づく施設設置管理者の講ずべき措置の内容，その他の移動等円滑化の促進のための施策の内容について，意見を反映させるために必要な措置を講じた上で，適時に，適切な方法により検討を加え，その結果に基づいて必要な措置を講じるよう努めなければならない責務がある。また，国は，教育活動，広報活動等を通じて，移動等円滑化の促進に関する国民の理解を深めるとともに，その実施に関する国民の協力を求めるよう努めなければならない責務がある（第4条）。地方公共団体は，国の施策に準じて，移動等円滑化を促進するために必要な措置を講じるよう努めなければならない責務がある（第5条）。この法律は，総則の他，基本方針等，移動等円滑化のために施設設置管理者が講ずべき措置，重点整備地区における移動等円滑化に係る事業の重点的かつ一体的な実施，移動等円滑化経路協定，雑則，その他について規定している。

(5) 次世代育成支援対策推進法（2003年制定・施行）

この法律は，わが国における急速な少子化の進行ならびに家庭および地域を取り巻く環境の変化に鑑み，次世代育成支援対策に関し，基本理念を定め，国，地方公共団体，事業主および国民の責務を明らかにするとともに，行動計画策定指針ならびに地方公共団体および事業主の行動計画の策定その他の次世代育成支援対策を推進するために必要な事項を定めることにより，次世代育成支援対策を迅速かつ重点的に推進し，次代の社会を担う子どもが健やかに生まれ，育成される社会の形成に資することを目的としている（第1条）。次世代育成支援対策は，父母その他の保護者が子育てについての第一義的責任を有するという基本的認識の下に，家庭その他の場において，子育てに伴う喜びが実感されるように配慮して行われなければならないことになっている（第3条）。国および地方公共団体は，基本理念にのっとり，次世代育成支援対策を総合的かつ効果的に推進するよう努めなければならない（第4条）。この法律は総則の他，行動計画，行動計画策定指針，市町村行動計画，都道府県行動計画，一般

事業主行動計画，特定事業主行動計画，次世代育成支援対策推進センター，次世代育成支援対策地域協議会，雑則，その他を規定している。

(6) 介護保険法（1997年制定・2000年施行）

　この法律は，加齢に伴って生じる心身の変化に起因する疾病等により要介護状態となり，介護，機能訓練，看護，医療を要する者等について，必要な保健医療サービス・福祉サービスの給付を行うため，介護保険制度を設け，国民の保健医療の向上および福祉の増進を図ることを目的としている。介護保険は，被保険者の要介護状態または要支援状態に関し，必要な保険給付を行うものである。なお，保険給付は要介護状態等の軽減，悪化の防止に資するよう行われるとともに，医療との連携に十分配慮して行われなければならない（第2条）。市町村および特別区は，この法律の定めるところにより，介護保険を行う（第3条）。国は，介護保険事業の運営が健全・円滑に行われるよう保健医療サービスおよび福祉サービスを提供する体制の確保に関する施策，その他の必要な各般の措置を講じなければならない。また，都道府県は，介護保険事業の運営が健全・円滑に行われるように，必要な助言および適切な援助をしなければならない（第5条）。国および地方公共団体は，認知症に対する国民の関心および理解を深め，認知症である者への支援が適切に行われるよう，認知症に関する知識の普及および啓発に努めなければならない（第5条の2）。介護保険法は，総則の他，被保険者，介護認定審査会，保険給付，介護支援専門員，事業者および施設，地域支援事業等，介護保険事業計画，費用等，社会保険診療報酬支払基金の介護保険事業関係業務，国民健康保険団体連合会の介護保険事業関係業務，介護給付費審査委員会，審査請求，雑則，罰則，その他を規定している。

(7) 障害者の日常生活及び社会生活を総合的に支援するための法律（2005年制定・2006年施行）

　この法律は，障害者基本法の基本理念にのっとり，障害者および障害児の福祉に関する法律と相まって，障害者および障害児が基本的人権を享有する個人

としての尊厳にふさわしい日常生活または社会生活を営むことができるよう，必要な障害福祉サービスに係る給付，地域生活支援事業，その他の支援を総合的に行い，障害者および障害児の福祉の増進を図るとともに，障害の有無にかかわらず，国民が相互に人格と個性を尊重し，安心して暮らすことのできる地域社会の実現に寄与することを目的としている。この法律は，総則の他，自立支援給付，地域生活支援事業，事業および施設，障害福祉計画（市町村障害福祉計画，都道府県障害福祉計画），費用，国民健康保険団体連合会の障害者総合支援法関係業務，審査請求，雑則，その他を規定している。

（8） 特定非営利活動促進法（1998年制定・施行）

この法律は，特定非営利活動を行う団体に法人格を付与すること，運営組織および事業活動が適正であって公益の増進に資する特定非営利活動法人の認定に係る制度を設けること等により，ボランティア活動をはじめとする市民が行う自由な社会貢献活動としての特定非営利活動の健全な発展を促進し，公益の増進に寄与することを目的としている（第1条）。この法律において「特定非営利活動」とは，不特定かつ多数のものの利益の増進に寄与することを目的とするものをいう（第2条）。特定非営利活動法人は，特定の個人または法人その他の団体の利益を目的として，その事業を行ってはならない。また，特定非営利活動法人は，これを特定の政党のために利用してはならないことになっている。この法律は，総則の他，特定非営利活動法人，認定特定非営利活動法人および特例認定特定非営利活動法人，税法上の特例，雑則，罰則，その他を規定している。なお，この法律は，NPO法ともよばれている。

第2節　地域福祉の組織

1．国の組織

（1） 厚生労働省

地域福祉に限らず，わが国の社会福祉行政を司る行政機関は厚生労働省であ

る。厚生労働省には数多くの部局が設置されているが，主に社会福祉行政に携わっている組織として，社会・援護局，障害保健福祉部，子ども家庭局，老健局があげられる。社会・援護局には地域福祉課が設置されており，地域福祉に関する企画・立案，指導監督を行っている。

（2） 審議会等

厚生労働省には厚生労働大臣の諮問機関として各種の審議会が置かれている。社会福祉関係の審議会としては社会保障審議会があり，ここでは社会保障制度や人口問題などの重要事項について審議し，厚生労働大臣の諮問に答えている。

2．地方自治体の組織

各都道府県には，保健福祉局や健康福祉部などの事務部局が置かれている。これら組織の下に高齢福祉課や子育て支援課などの専門部署があり，それぞれの分野の事務を担っている。また，社会福祉に関する専門行政機関として，福祉事務所，児童相談所，身体障害者更生相談所，知的障害者更生相談所，婦人相談所が設置されている。

市町村，特別区も都道府県と同様に社会福祉関係の事務部局が設置されている。指定都市，中核市は，都道府県と同様の社会福祉に関する事務を行うことから，その組織形態は都道府県と同レベルのものとなっている。

都道府県，指定都市および中核市には，社会福祉に関する事項を調査審議する機関として地方社会福祉審議会が設置されている。地方社会福祉審議会は都道府県知事または指定都市・中核市長の諮問に答えるとともに関係行政庁に意見具申をしている。

（1） 福祉事務所

福祉事務所は「社会福祉法」第3章に規定される「福祉に関する事務所」のことをさす。都道府県・特別区・市は設置が義務づけられているが，町村は任意である。2017（平成29）年4月現在，全国に1,247か所設置されており，都

道府県 207，市（特別区を含む）997，町村 43 となっている。

福祉事務所には，所長，指導監督を行う査察指導員，現業を行う現業員，老人福祉指導主事，身体障害者福祉司，知的障害者福祉司などが配置されている。福祉事務所は，福祉六法に定める援護，育成または更生の措置に関する事務を行っている。福祉事務所のうち都道府県の福祉事務所と市町村の福祉事務所とでは所管する法律が異なり，前者は「生活保護法」「児童福祉法」「母子及び父子並びに寡婦福祉法」の 3 法，後者は福祉六法を担当している。

（2） 児童相談所

児童相談所は「児童福祉法」第 12 条に規定される児童福祉に関する専門相談機関である。都道府県に設置義務があり，2017（平成 29）年 4 月現在，全国に 210 か所設置されている。

児童相談所には，児童福祉司，児童心理司，医師などが配置されている。児童相談所の主な業務は，児童福祉に関する相談，調査，判定，措置，一時保護，里親委託などである。

（3） 身体障害者更生相談所

身体障害者更生相談所は「身体障害者福祉法」第 11 条に規定される身体障害者福祉に関する専門相談機関である。都道府県に設置義務があり，2017（平成 29）年 4 月現在，全国に 77 か所設置されている。

身体障害者更生相談所には身体障害者福祉司が配置されている。身体障害者更生相談所の主な業務は，身体障害者福祉に関する相談，指導，身体障害者の医学的，心理学的，職能的判定，補装具の判定などを行うことである。

（4） 知的障害者更生相談所

知的障害者更生相談所は「知的障害者福祉法」第 12 条に規定される知的障害者福祉に関する専門相談機関である。都道府県に設置義務があり，2017（平成 29）年 4 月現在，全国に 86 か所設置されている。

知的障害者更生相談所には知的障害者福祉司が配置されている。知的障害者更生相談所の主な業務は，知的障害者福祉に関する相談，指導，知的障害者の

医学的，心理学的，職能的判定などを行うことである。

（5） 婦人相談所

婦人相談所は「売春防止法」第34条に規定される要保護女子に関する専門相談機関である。都道府県に設置義務があり，2017（平成29）年4月現在，全国に49か所設置されている。

婦人相談所には婦人相談員が配置されている。婦人相談所の主な業務は，要保護女子および暴力被害女性の相談，判定，調査，指導などと一時保護を行うことである。

3．民間の組織
（1） 社会福祉協議会

社会福祉協議会は「社会福祉法」に規定される地域福祉の推進を図ることを目的とする団体であり，市区町村社会福祉協議会，都道府県社会福祉協議会，全国社会福祉協議会で構成されている。

市区町村社会福祉協議会は，地域住民の社会福祉活動への参加の援助や社会福祉を目的とする事業の実施や調査，普及，宣伝活動などを行っている。また，生活困窮者支援を目的とした「生活福祉資金貸付事業」や判断能力の低下した者の福祉サービス利用援助を目的とした「日常生活自立支援事業」などを行っている。市区町村社会福祉協議会には地域福祉を推進する第一線の機関としての役割が期待されており，コミュニティワーカーとよばれる福祉活動専門員が配置されている。

都道府県社会福祉協議会は，市区町村社会福祉協議会が行う事業のうち，各市町村を通ずる広域的な見地から行うことが適切なものや社会福祉事業に従事する者の養成および研修，社会福祉事業者に対して経営に関する指導および助言，市区町村社会福祉協議会の相互の連絡および事業の調整を行っている。

（2） 共同募金会

共同募金とは「都道府県の区域を単位として，毎年1回，厚生労働大臣の定

める期間に限ってあまねく行う寄附金の募集であって、その区域内における地域福祉の推進を図るため、その寄附金をその区域内において社会福祉事業、更生保護事業、その他の社会福祉を目的とする事業を経営する者（国及び地方公共団体を除く）に配分することを目的とするもの」と「社会福祉法」に規定されている。このように共同募金は地域福祉を推進するために必要な資金を集める募金活動といえる。共同募金は第1種社会福祉事業に位置づけられ、共同募金事業を行うための組織として各都道府県に共同募金会が設置されている。

（3） 社会福祉法人

　社会福祉法人とは、社会福祉事業を行うことを目的に「社会福祉法」に基づいて設立された法人である。第1種および第2種社会福祉事業のほか、公益事業、収益事業を行うことができる。ただし、収益事業でえた収益は社会福祉事業または公益事業に充てることとされている。社会福祉法人の設立にあたっては市長（市の区域内のみで事業を行う場合）、都道府県知事、厚生労働大臣（2つ以上の地方厚生局管轄区域にわたって事業を行う場合）の認可をうけなければならない。社会福祉法人には、評議員、評議員会、理事、理事会および監事を置かなければならないことになっている。社会福祉法人は公共性の高い事業を行うことから、補助金や低利貸付などをうけることができる一方、その事業運営には厳格な規制が設けられている。

（4） 民生委員

　民生委員は、「民生委員法」に「社会奉仕の精神をもって、常に住民の立場に立って相談に応じ、及び必要な援助を行い、もって社会福祉の増進に努めるものとする」と規定されている。民生委員は都道府県知事の推薦によって厚生労働大臣が委嘱する形となっており、「児童福祉法」に基づく児童委員も兼任している。

　民生委員は、住民の生活状態を把握し、援助を必要とする者が自立した日常生活を営むことができるように生活相談や助言、また福祉サービスを適切に利用するために必要な情報提供などを行うこととされている。さらに福祉事務所

や地域の社会福祉事業者などと連携し，その業務に協力することになっている。このように民生委員は住民にとって身近な相談者として，また住民と行政をつなぐパイプ役として，地域住民の福祉の増進を図っている。

参考文献

井村圭壯・相澤譲治編著『社会福祉の成立と課題』勁草書房，2015 年
介護福祉士養成講座編集委員会編『社会と制度の理解（第 6 版）』中央法規，2017 年
厚生労働省監修『厚生労働白書（平成 29 年版）資料編』2018 年
西村昇・日開野博・山下正國編著『六訂版　社会福祉概論』中央法規，2017 年
野口定久『人口減少時代の地域福祉』ミネルヴァ書房，2016 年

第5章 地域福祉における社会福祉協議会の役割

第1節　社会福祉協議会の沿革と法的規定

　わが国は第2次世界大戦後，敗戦に伴う社会的・経済的混乱が続き，国民は窮乏生活を強いられた。市街地は被災者，戦地から戻った復員兵など，すぐにでも生活苦からの救済を必要とする者が多かった。そのため戦災復興が緊急の課題となり，1945（昭和20）年から1952（昭和27）年まで，連合国軍総司令部（以下，GHQ）が東京に設置された。日本はGHQの占領下となり，占領政策のもと，社会福祉改革が集中的になされた。

　社会福祉協議会（以下，社協）の設立に影響を与えたのが，1949（昭和24）年に発表された「社会福祉行政に関する6項目提案」である。このなかで「全国レベル及び県レベルで社会事業団体や施設の社会福祉活動に関する協議会を設置すること」を提案した。これをうけ，1950（昭和25）年11月，中央社会福祉協議会準備委員会は，「社協組織の基本事項」を策定し，社協の目的や性格などを明らかにした。翌年1月に，日本社会事業協会，全日本民生委員連盟，同胞援護会の統合により，「中央社会福祉協議会」が設立。翌年には「社会福祉法人全国社会福祉協議会連合会」，1955（昭和30）年に「社会福祉法人全国社会福祉協議会（以下，全社協）」となり現在に至っている。1951（昭和26）年の「社会福祉事業法」の成立により，都道府県に設置された都道府県社会福祉協議会

(以下，都道府県社協)は第75条に，全社協は第83条に規定された。

　全社協は1962(昭和37)年に「社会福祉協議会基本要項」(以下，基本要項)を策定した。これは後に，社協の基本指針となるもので，住民主体の原則に基づいた社協の性格，機能，組織を明らかにした。1983(昭和58)年の「社会福祉事業法」の一部改正により，市区町村社会福祉協議会(以下，市区町村社協)が法定化されたことにより，行政からの社協への助成の措置などに明確な根拠ができ，在宅サービスの実施が可能となり，福祉活動専門員などの職員配置や，処遇の改善が行われるようになった。

　1980年代後半頃から，社会経済状況の変化や財政の抑制，高齢化の進展，国民生活意識の変化などにより，福祉問題はさらに深刻化と拡大が進み，これまでの社会福祉制度や施策，サービスのあり方が問われるようになり，社会福祉の推進方法に変化があらわれてきた。それは，①選別的福祉から普遍的福祉へ，②施設福祉から在宅福祉へ，③中央主権から地方分権へ，④受身的な措置から主体的・選別的福祉へ，⑤公的なサービス供給から多元的なサービス供給へ，⑥地域における保健・医療・福祉サービスの統合化への変化である。

　1990(平成2)年，「老人福祉法等の一部を改正する法律」により，社会福祉法制上初めて「地域福祉」の規定が置かれた。このなかで社協については，第74条において都道府県社協の新規事業の追加，指定都市区社協の法的位置づけの明確化，そして市区町村社協事業として「社会福祉事業の企画と実施」などが加えられ，直接サービス事業への取り組み条件を整えた。これは，これまでの在宅福祉サービスの展開が評価されたことと，サービス供給多元化の流れのなかで社協に対する期待の高まりがあげられる。こうした法改正に対応するため，全社協は1992(平成4)年，「新・社会福祉協議会基本要項」を策定した。このなかで「住民主体の原則」の考え方を継承し，「住民主体の理念に基づき」という表現を盛り込み，活動原則のなかでより具体的内容をもたせた。また，市区町村社協の構成に，住民組織，公私社会福祉事業関係者の協働関

係，社会福祉施設の位置づけを明確にした。

　2000（平成12）年，社会福祉基礎構造改革により，「社会福祉の増進のための社会福祉事業法等の一部を改正する等の法律」が成立し，戦後50年余り続いた日本の社会福祉の仕組みが抜本的に改正された。「社会福祉事業法」は「社会福祉法」と名称変更され，地域を基盤とした社会福祉推進の時代を迎えた。社協の規定は，第109条（市町村社協），第110条（都道府県社協），第111条（全社協）であり，「地域福祉の推進を図ることを目的とした組織」として位置づけられた。

　2018（平成30）年4月，「地域包括ケアシステムの強化のための介護保険法等の一部を改正する法律」により，「社会福祉法」の一部が改正され，地域福祉の中心的な団体として「地域共生社会」の実現にむけての取り組みが期待されたほか，社協が中心となって策定している地域福祉活動計画は，住民などの福祉活動計画として地域福祉の推進を目指すものであることから，地域福祉計画と一体的に策定したり，その内容を一部共有したり，地域福祉計画の実現を支援するための施策を盛り込んだりするなど，相互に連携を図ることを求められている。

第2節　社会福祉協議会の組織と事業活動

　市区町村社協の構成は，「社会福祉法」第109条に規定され，冒頭に「区域内における社会福祉を目的とする事業を経営する者及び社会福祉に関する活動を行う者が参加し」とある。これは，社協が幅広く社会福祉の関係者の参加をえて活動を行う組織であることを示している。次に，「指定都市にあつてはその区域内における地区社会福祉協議会の過半数及び社会福祉事業又は更生保護事業を経営する者の過半数が，指定都市以外の市及び町村にあつてはその区域内における社会福祉事業又は更生保護事業を経営する者の過半数が参加するものとする」とあり，同一地域内に複数の社協が設立することを許さない規定と

している。最後に,「市町村社会福祉協議会及び地区社会福祉協議会は,社会福祉を目的とする事業を経営する者又は社会福祉に関する活動を行う者から参加の申出があつたときは,正当な理由がないのに,これを拒んではならない」とされているのは,社会福祉を目的とする事業の経営者や,福祉活動を担う人びとの幅広い参加に留意しなければならないことを示している。

社協は,社会福祉法人であることを必須の要件として求められてはいないが,法人化の促進については,関係者のみならず,厚生労働省の方針でもある。特に,市町村行政との関係を明確にする観点から必要とされているが,税制など,社会福祉法人に対する優遇策があることから種々のメリットもあり,2018 (平成30) 年3月現在,市区町村社協の99.3％が社会福祉法人となっている。なお,都道府県・指定都市社協はすべて社会福祉法人である[1]。

「社会福祉法」が規定する市区町村社協の事業は,次の4項目である。
「(1) 社会福祉を目的とする事業の企画及び実施
(2) 社会福祉に関する活動への住民の参加のための援助
(3) 社会福祉を目的とする事業に関する調査,普及,宣伝,連絡,調整及び助成
(4) 前3号に掲げる事業のほか,社会福祉を目的とする事業の健全な発達を図るために必要な事業」(第109条)

2005 (平成17) 年「市区町村社協経営指針」(全社協地域福祉推進委員会) 改定で,使命,経営理念,組織運営方針の3つに整理するとともに,事業部門においては,次の4部門に整理し,基本的な考え方を示している。
(1) 法人運営部門:理事会・評議会の組織運営とともに,財務・人事・労務などの法人運営や,総合的な企画,各部門間の調整などを行う社協事業全体の管理 (マネジメント) 業務にあたる。
(2) 地域福祉活動推進部門:小地域福祉活動 (見守り,サロン活動,生活支援活動,他) やボランティア活動の推進 (ボランティア・市民活動センター運営,大規模災害時における災害ボランティアセンターの設置及び運営),福祉教育,地域

福祉推進基礎組織や当事者組織等の支援，共同募金への協力，地域福祉活動計画の策定，地域福祉計画策定への協力など，住民参加や協働による福祉活動の支援や基盤づくりにあたる。
(3) 福祉サービス利用支援部門：地域総合相談・生活支援事業，生活困窮者自立支援制度，日常生活自立支援事業，生活福祉資金，地域包括支援センター，障がい者相談事業など，支援を必要とする人々や生活課題を抱える人々への相談支援や生活支援にあたる。
(4) 在宅福祉サービス部門：高齢者，要介護者，障がい者，児童などへの国の制度に基づく福祉サービスや，市町村からの委託，補助に基づくサービス，また，自主財源に基づくサービスなど多様な在宅福祉サービスを提供する。

こうした事業体制の整備を図ったうえで，各部門がそれぞれに事業を行うのではなく，社協事業全体の連携を意識しながら事業展開を図ることが重要となる。

特に，地域福祉活動推進部門では，地域全体の福祉課題の解決を図るための住民主体の福祉活動を支援するなど地域づくりを展開する。一方で，福祉サービス利用支援部門や在宅福祉サービス部門は，利用者のニーズやディマンドに応えるということに終始してしまい，部門間の事業展開に運営しがちであることが課題となっている。そして，事業担当者，部門の管理職，組織運営を行う事務局長などの管理職，役員がそれぞれの立場で，また社協事業の構成やそれぞれの部門事業の意義やつながりを意識しつつ，連携・協働を図ることが必要となる。

第3節　地域福祉における社会福祉協議会の役割と課題

地域では，人口の減少や高齢化の進展に伴う過疎化や，高齢者夫婦・高齢者単身世帯の増加に伴う介護の問題，共働き夫婦の増加，アパートなどで孤立し

た状態で育児をしている育児孤立や養育の問題などがみられる。また，障がい者の社会参加や就労の問題というここ数年来，地域の福祉課題とされてきた問題に加え，最近ではホームレス，家庭内暴力や虐待，若年層のフリーターの問題，社会的ストレスによる自殺や引きこもり，子どもの貧困などの問題も地域の福祉課題として捉えなければならない。これら地域福祉課題に対して，社会福祉制度がすべて対応しているわけではない。これらの諸問題の背景には，人と人とのつながりの希薄化がひとつには関係しており，社協が従来進めてきた地域社会の支えが，今後ますます重要な役割を果たさなければならない。具体的には，従来の見守り活動や生活支援活動の延長線上だけではなく，住民の活動を支える社協職員コミュニティ・ソーシャルワークの実践を行う力量をもつこと，社協以外の専門職・専門機関と住民との協働による新しいシステムを構築していくことなどが求められる。

　また，住民が抱える生活課題の解決の一助として，社協では心配ごと相談事業として，住民（特に民生委員・児童委員が活躍）による生活全般にかかわる困りごと，心配ごとを受け止める相談活動が幅広く行われてきた。これらの相談内容は，福祉あるいは法律，就労，教育などの専門相談機能につなぐ場合もあるが，民生委員・児童委員を中心に具体的な支援も行われてきた。これらの活動は，総合相談の端緒だと位置づけることができる。

　一方，生活福祉資金貸付事業，日常生活自立支援事業は，制度の分野（児童，障がい者，高齢者など）ごとの事業ではないことから，総合相談の道筋をつくってきた。

　これらの活動を踏まえて，2005（平成17）年頃から「総合相談・生活支援」という用語が使われ始め，総合相談・生活支援を軸にして事業展開が図られるようになってきた。

　生活困窮問題や社会的孤立などの問題を背景に地域福祉課題が深刻化・多様化するなかにあって，これまで市区町村社協が積みあげてきた総合相談・生活支援の取り組みを踏まえ，全社協は，2012（平成24）年10月，「社協・生活支

援活動強化方針―地域における深刻な生活課題の解決や孤立防止に向けた社協活動の方向性―」(以下,社協強化方針)を策定している。これは,日常生活自立支援事業,生活福祉資金貸付事業などの相談体制を強化するとともに,あわせて,地域における住民福祉活動や地域のさまざまな関係機関・団体と一緒になったニーズ発見や社会資源づくり,地域づくりの取り組みを発展させていくことを目指し,社協における総合的な地域福祉の推進に向けた事業展開を一層強化しようというものである。「行動宣言」を掲げ,それぞれの事業展開の方向性をアクションプランとして示している。2017(平成29)年5月に策定した「社協・強化方針―第2次アクションプラン―」では,「1.あらゆる生活課題への対応,2.相談・支援体制の強化,3.アウトリーチの徹底,4.地域のつながりの再構築,5.行政とのパートナーシップ」を行動宣言として掲げている。"誰もが安心して暮らすことができる福祉のまちづくりの推進"を使命と位置づけ,今日的な地域福祉の課題を受け止め,その解決に向けた取り組みを図ることが強く求められている。しかし,今日の生活課題の深刻化や多様化の状況,さまざまな主体が新たな地域福祉実践に取り組む時代にあって,改めて現在の社協活動が「住民が抱える今日的な生活課題の解決につながっているのか」「社協の使命を果たすものになっているのか」ということを自ら真摯に点検し,事業や活動の強化を図ることが重要である。

注

1) 和田敏明編著『社会福祉協議会(改訂概説)』全国社会福祉協議会,2018年,p.9

参考文献

井村圭壯・相澤譲治編著『社会福祉形成史と現状課題』学文社,2009年
全国社会福祉協議会地域福祉推進委員会「社協・生活支援活動強化方針」全国社会福祉協議会,2017年
都築光一編著『地域福祉の理論と実際(第2版)』建帛社,2018年
山本主悦・川上富雄編著『地域福祉新時代の社会福祉協議会』中央法規,2003年
和田敏明編著『社会福祉協議会(改訂概説)』全国社会福祉協議会,2018年

第6章 地域福祉の専門職

第1節 地域福祉を推進する専門職

　地域福祉分野にかかわる専門職には，主に社会福祉協議会（以下，社協）の福祉活動専門員や地方公共団体，地域包括支援センターの職員があげられる。資格としては社会福祉主事任用資格が必要である。また，社会福祉士の国家資格をもつ人を求める場合も増えている。近年では，独立型社会福祉士事務所を開設し，地域福祉に関する相談事務を実施している社会福祉士も増えている。

1．企画指導員

　1963（昭和38）年度から全国社会福祉協議会に配置されている専門職員である。その職務は，全国の民間社会福祉活動の推進方策について総合的な調査，研究および企画立案を行うほか，広報，指導その他の活動と規定されている。任用資格は，「人格が高潔で，思慮が円熟し，社会福祉の増進に理解と熱意を有し，社会的信望がある者で，社会福祉士又は社会福祉事業法第18条に規定する社会福祉主事の任用資格を有する者」[1]などである。

2．福祉活動指導員

　福祉活動指導員は，都道府県・指定都市社協に配置される専門職員のことで

ある．都道府県や指定都市の区域において民間の社会福祉活動の推進方策の調査や研究企画立案，広報などの活動に従事する．また，市町村社協対象の事業展開指針の作成や事業実績の収集・分析などの業務を行っている．

3．福祉活動専門員

　福祉活動専門員は，市区町村社協に配置される専門職員である．一般的には専門職員や社協職員とよばれる．いわゆる，コミュニティワーカーといえる．業務は，市区町村の区域における民間社会福祉活動の推進方策に関する調査・研究，企画立案，広報・啓発，その他の実践活動の推進である．

　「社会福祉協議会企画指導員，福祉活動指導員及び福祉活動専門員設置要綱」では，任用資格は次のように規定されている．

① 福祉活動専門員は，人格が高潔で，思慮が円熟し，社会福祉の増進に理解と熱意を有し，社会的信望がある者で，社会福祉士または「社会福祉事業法」第18条に規定する社会福祉主事の任用資格を有する者を任用しなければならない．

② ①によりがたい場合は，指定都市市長または市（特別区を含む．以下同じ）町村長に協議の上，その承認を得た者を任用することができる．

4．地域包括支援センター職員

　地域包括支援センター（以下，センター）は，基本的には高齢者福祉領域の機関であるが，地域福祉全体にかかわる住民の相談や支援も実施している．センターは，2005（平成17）年の「介護保険法」改正に伴って設立された機関である．センターには，社会福祉士，保健師，主任介護支援専門員（主任ケアマネジャー）が配置されている．地域の第1号被保険者（65歳以上の高齢者）3,000人～6,000人ごとに原則として，最低限各1人を配置することが人員配置基準で規定されている．

5. ボランティアコーディネーター

　ボランティアに参加したい人とボランティアを必要とする人との連絡調整やボランティア活動についての相談援助，ボランティアの組織化や情報提供を行う専門職である。市区町村社協が運営するボランティアセンターなどに配置される。1993（平成5）年，中央社会福祉審議会「ボランティア活動の中長期的な振興方策について」の意見具申をうけて配置が進められた。なお，配置は義務ではない。

6. 民生委員

　民生委員は専門職ではないが，地域福祉を支える重要な人的資源なので，以下に紹介する。

　民生委員は，「民生委員法」第1条において，「社会奉仕の精神をもつて，常に住民の立場に立つて相談に応じ，及び必要な援助を行い，もつて社会福祉の増進に努めるものとする」と規定されている。このように，民生委員は，社会福祉の増進のために住民に対する支援を行うボランティアである。民生委員は児童委員（「児童福祉法」第16条）を兼ねており，任期は3年である。

　民生委員の職務は以下の通りである（第14条）。

① 住民の生活状態を必要に応じて適切に把握しておく。
② 援助を必要とする者がその有する能力に応じ自立した日常生活を営むことができるように生活に関する相談に応じ，助言その他の援助を行う。
③ 援助を必要とする者が福祉サービスを適切に利用するために必要な情報の提供その他の援助を行う。
④ 社会福祉を目的とする事業を経営する者または社会福祉に関する活動を行う者と密接に連携し，その事業または活動を支援する。
⑤ 福祉事務所，その他の関係行政機関の業務に協力する。
⑥ その他，必要に応じて，住民の福祉の増進を図るための活動を行う。

　また，一般の児童委員とは別に市町村に配属された主任児童委員制度が

1994（平成6）年からスタートしている。主任児童委員は，2001（平成13）年の「児童福祉法」の一部改正により法定化された。主任児童委員の業務は，特定の区域を担当しないで，児童委員の職務に関して児童の福祉に関する機関と児童委員との連絡調整を行うことである。

第2節　専門職間の連携と協働

　さまざまな生活課題をかかえる人たちを支援していくためには，多様な専門職者がそれぞれの専門的知識と技能を活用しての専門的支援を実施していく必要がある。特に，在宅で生活していくには医療，保健をはじめとする専門職者によるサービスの連携と協働は欠かせない。
　地域包括支援センターは，まさしく地域で生活する人を総合的，包括的に支援する機関であり，さまざまな専門職間の協働で支援をしている。
　図6-1にある地域包括ケアシステムには，専門職者のみではなく，ボランティアなども含まれているが，各専門職による専門的支援なしには在宅生活が支えられない。
　西垣千春は，生活ニーズにかかわる専門家の役割として，①制度下での対応，②サービスにつながらない人への対応があるとしている。[2] ①の場合は介護保険制度や障害者総合支援制度を活用しての専門職間の連携や協働によって対応できる。しかし，②の場合は，サービス自体を知らない人のように現実のサービスとつながらない住民もいることもたしかである。現実のサービスは申請主義のため，自らニーズを表明しなければサービス自体をうけることができない。このサービスに結びつかない人のケースは，理由は多様であるが，地域において専門職間の連携と協働によって，地域事情の把握や情報の共有は欠かせないであろう。なによりも，生活ニーズに対応できる新しいしくみの創出など専門職同士で力をあわせたソーシャルアクションも必要である。

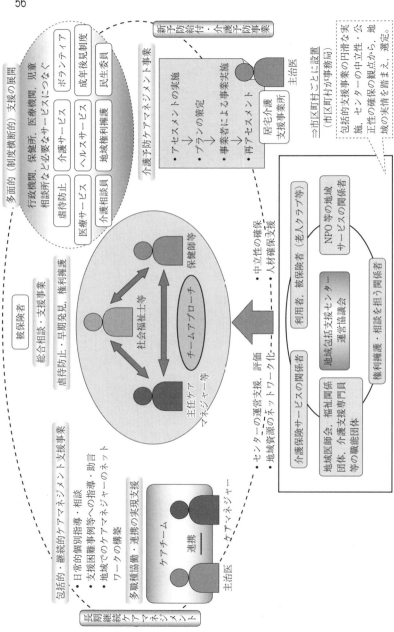

図6-1 地域包括支援センター(地域包括ケアシステム)のイメージ

出所)厚生労働省「地域包括支援センターの手引き」2007年、p.1

第3節　専門職と地域住民，当事者とのネットワーキング

　ネットワーキングとは，人間同士のつながりを形成するプロセスのことである。生活課題をかかえる人たちの問題解決をしていくために，地域にあるさまざまな社会資源をつなぐことがネットワーキングである。地域において，利用者やその家族を支援していくためには，専門職，民生委員，ボランティア，地域住民，NPO，福祉系企業などとの連携，協力は不可欠である。地域での生活を総合的，包括的に支援していく方法であるケアマネジメントは，本人のニーズと多様な社会資源をとり結んでいくことから出発する。そのため，フォーマルおよびインフォーマルな人的資源の存在がとても重要となる。

　「社会福祉士及び介護福祉士法」第47条では，社会福祉士と介護福祉士は，福祉サービス関係者と連携しなければならないと規定されている。この「その他」の関係者が地域にあるフォーマルおよびインフォーマルな人的資源のことである。また，「社会福祉法」第5条においても福祉サービスを提供する際には，利用者の意向を十分に尊重することはもちろんのこと，保健医療サービスその他の関連するサービスとの有機的な連携を図ることが求められている。この有機的な連携がネットワーキングである。

　そして，留意しなければならない点は，当事者参加の視点である。当事者の生活課題を解決するに際し，当事者自身の意向が軽視されたり，あるいは会議自体の内容が伝えられないので本人のニーズとは違う支援とならないように留意しなければならないだろう。

　次に専門職，地域住民，当事者とのネットワーキングの事例を紹介しよう。[3]

　Aさん（女性37歳）は，軽度の知的障がいがあり，障がい者福祉サービス事業所に通所している。母親が3年前に亡くなり，ひとり暮らしである。精神的に不安定になることがあり，近隣の住民が心配して，社協に連絡した。社協のコミュニティワーカーは，Aさんを支援するにあたりネットワーク会議を開催することにした。メンバーは，コミュニティワーカー，保健師，民生委員，

障がい者福祉サービス事業所職員，障がい者相談事業所相談員，地区社協会長，公民館職員，近隣住民である。

　Aさんに関する情報の共有がなされ，生活課題があきらかとなったので支援目標が考えられた。そして①ヘルパーによる家事援助，②月に1回の会議の開催による本人の状況確認，③Aさん自身が地域で参加できるものをみつけることが確認された。コミュニティワーカーは，地域住民の障がい者への理解を促進できるように「障がい者サポーター養成講座」を開催したり，地域に住むAさんへのヒアリング調査を行いニーズ把握を実施した。また，Aさんは絵を描くことが好きだとわかったので，公民館で開催されている絵画教室への参加を促すことにした。

　コミュニティワーカーは，Aさんにかかわる専門職者間の連携のために月1回の会議を行い，他のケースにおいても同様にネットワーキングがなされるようになった。

　以上の事例は，地域住民と当事者も参加した地域のネットワーキングの具体例である。

　地域にはさまざまな社会資源がある。ネットワーキングによって，地域組織化が可能となり，当事者はもちろんのこと地域住民にとっても生活しやすい地域の場が形成されていく。特に，地域社会で生活していくためには，日常生活の支援から専門的支援まで幅広い支援を必要とする。上記の事例のように地域での生活を支えていくためには，当事者参加をふまえた専門職者と地域住民とのネットワーキングはますます不可欠となってくる。

注

1）「社会福祉協議会活動の強化について」厚生省社会・援護局長通知，1999年
2）相澤譲治監修，大和三重編『ソーシャルワークの理論と方法Ⅱ』みらい，2010年，pp.148-150
3）ソーシャルワーク演習教材開発研究会編『ソーシャルワーク演習ケースブック』みらい，2012年，pp.215-219の事例の要約

参考文献

社会福祉士養成講座編集委員会編『地域福祉の理論と方法（第3版）』中央法規，2015年

『社会福祉学習双書』編集委員会編『地域福祉論』全国社会福祉協議会，2018年

上野谷加代子・松端克文・山縣文治編『よくわかる地域福祉（第5版）』ミネルヴァ書房，2012年

第 7 章

地域福祉における社会資源

第1節　社会資源の活用

　社会資源に関する一般的な定義を示すと「援助の行われる生活環境に実在し，援助目標を達成するために活用できる制度的，物的，人的の各要素及び情報」であり，「具体的には，制度，機関・組織，施設，設備，物品，金銭，公私の団体，個人，技能，知識，専門職やボランティア，そして情報など」である[1]。

　地域福祉においても，他の福祉領域と同じように社会資源に常に関心を払わなければならない。その最たる理由は，支援を必要としている利用者のニーズを充足しようとするとき，フォーマル，インフォーマルを問わずさまざまな活用可能なものを利用しなければならないからである。さらに，既存かつフォーマルな社会福祉制度だけでは完結しないケースも少なくない。それらケースにおいてニーズを充足させるためには，社会保険や医療制度をはじめとする社会福祉に隣接するサービスや人材を活用することとなる。しかし，それらフォーマルなものだけではなお不十分である場合がある。そこで，家族・親族，ボランティア，近隣住民をはじめとするインフォーマルで活用可能なものを見つけなければならない。さらには，その作業を通しても見つからないことがある。そのときには支援者自身がつくり出したり，社会や行政に対して，創設を働き

かけなければならない。

　地域福祉において活用可能な制度，機関・組織，施設には，次のようなものがある。
　(1) 制度…介護保険制度，子育て支援サービス，障害福祉サービス
　(2) 組織・団体…ボランティア団体，福祉団体，自治会
　(3) 施設…高齢者・障がい者・児童が利用できる福祉施設，公民館・集会所・学校など地域住民が拠点とする施設

　また，フォーマル，インフォーマルという観点から分類すると図7-1のようになる。

　フォーマルな社会資源は法令・予算制度などで利用に一定条件がある。このため実際の必要に対してやや柔軟性に乏しいことも否定しがたい。一方で，インフォーマルな社会資源はフォーマルな社会資源に比べ概ね柔軟性に富んでいる。しかし，インフォーマルな社会資源は利用条件が明らかではなかったり，安定性・継続性に欠ける点もある。たとえば，フォーマルな社会資源である障害福祉サービスの生活介護では障害支援区分や要する時間によって利用料金が導き出されるが，インフォーマルサービスでは報酬算定のしくみがないので利用したとき負担すべき料金は一義的には出てこない。公定価格のある類似サービスに比し安い場合もあれば高い場合もある。利用回数の制限もないかもしれ

フォーマルな社会資源	社会福祉施設，地域包括支援センター，病院・診療所，福祉事務所，保健所，身体障害者手帳，介護保険制度，社会福祉協議会，民生委員，訪問看護・訪問介護，リハビリ・福祉用具
インフォーマルな社会資源	家族，友人，近隣住民，ボランティア団体，近隣の商店，町内会・自治会，当事者会・家族会，自宅・共同住居

図7-1　社会資源の例

出所）著者作成

ないが、その代わり安定的に供給されるか否かも提供者側の都合によるところが大きい。

　これら社会資源であるサービスや施設を利用しようとするとき、その利用資格・申込み方法・費用負担・利用時間などの制約について予め知っておかなければならない。すなわち、これら社会資源を活用するに際して地域のニーズを踏まえ、地域社会の構成員が、それを活用することを決断し、その地域にふさわしい方法で利用することが必要である。そのため支援者は、支援を必要としている人たちにこれら情報を示し、主体的に選び取ることができるよう側面的に支援していくことが求められる。

　社会資源の所在を地図にした社会資源マップが作成されていたり、マップ化する取り組みがなされている地域も少なくない。たとえば、母子世帯を対象とした自治体の機関、相談支援を行っている団体、生活支援サービスを提供する施設・事業所の所在地を一覧表にしておくことが可能である。同様に高齢者・障がい者のサービスも同じように作成する。そして、これらを重ねていくことによって、さまざまな領域を網羅する社会資源マップとなる。社会資源がマップ上に示されることによって、当該地域住民に対してわかりやすく視覚化して情報提供することができる。なお、地図に表されたことによって、当該地域の社会資源の過不足が一目瞭然となり、地域住民が新たな社会資源開発を図る動機づけとなる効果もみられる。

　ところで、社会資源に関する情報は支援者の身近に多く存在すればそれだけ選択肢も広がり有利である。しかし、あらゆる情報を網羅することは困難である。そこで、基本となる情報をもち、利用者の状況に応じて必要となる情報をえることができるようにネットワークを構築しておくことが求められる。支援者は、その社会資源が必要となったときに社会資源である人や機関に連絡して、利用者と結びつけることができる関係を築いておくことが主たる役割となる。

第2節　社会資源の調整

　社会資源の調整とは，本人にとって望ましい状態を実現するために諸関係をつないでいく諸活動である。この調整においては，その社会資源を用いたときにどのような展開となるかを見通す能力が求められる。

　社会資源の調整は，要支援者自身の内部を探ることからはじまり，行政や社会に働きかけることにまで及ぶ広い観点から行うこととなる。社会資源を提供するとき，多くの選択肢を用意し，支援を必要としている人に合った社会資源を選び，適切な形で提供することが求められる。情報を収集し選択肢を増やしておくこと，適切な当てはめ方ができるよう提供方法を研究すること，情報を整理しておくことなどが，資源を調整する前提となる。

　さまざまな社会資源が存在するが，その社会資源の活用を決めるのは本人である。必要十分な情報のもと主体的に選択できるように支援しなければならない。場合によっては，本人や家族がその社会資源を用いることに抵抗感をもっているかもしれない。まず本人の意思をよく確認したうえで，利用の調整をすることが求められる。選択の結果として実際に活用しようとする場合，本人が自分自身でその社会資源と関係を結ぶことができればよいが，何らかの支援を要する人の場合，関係を取り結ぶことも困難な場合が少なくない。そのとき第三者が社会資源と本人をつないでいく必要が生じる。また，利用者が活用する社会資源が複数にわたる場合がある。複数の社会資源が本人にとってもっともよい形で提供できるように手配することも必要になる。これらの一連の実践が調整活動である。また，調整は1回限りではない。本人にとってよい状態を保つことが目的であるため必要な期間継続することとなる。

　さらに，今後同種のケースが生じたときすぐに活用可能となるように，関係者と日ごろから連携を保つことも調整の一環と考えられる。社会資源は要支援者の困難な状況を解決するための力を引き出すものである。支援者は社会資源を活用するため資源相互の調整や連結をマネジメントすることが求められる。

常日頃から活用可能ではないかと思われる社会資源に関する情報やその資料を収集し，整理しておかなければならない。支援者は，社会福祉分野に限らず地域のさまざまな連絡協議組織などの情報を集め，会議などに積極的に参加することによって面識ができる。それは地域福祉の観点からの課題を発見する機会にもなる。そして，他分野の関係者とも共通認識をえて課題解決の協力をえる出発点ともなる。地域福祉の支援者は自らの取り組みを明らかにし，必要としている社会資源・活用可能な社会資源を明らかにするとよい。その社会資源を保有している機関・団体・個人からの申し出があることもあろう。社会資源として気づかれていなかったものが活用可能であることが明らかになることもある。各種の社会資源である組織などに対して，地域福祉の関係者の側から情報交換の機会をつくっていく努力も求められる。調整を行うには定期的な集まりや事務局体制があればなおよいであろう。

第3節　社会資源の開発

　これまでの制度・サービスの枠内で用意されている社会資源も存在する。その一方で，既存の制度・サービスの枠内で対応が困難な事象も存在する。このため社会資源の開発も重要となる。一般に社会資源の開発は無から有を生み出す文脈で説明される。それは公的な社会福祉サービスを創設する運動をおこしたり，インフォーマルなものを組織化することが主として念頭にある。地域福祉における社会資源の開発はインフォーマルなものが少なくない。住民同士の支え合い活動，ボランティア団体の組織などもある。支援を必要としている人がいるにもかかわらず，それが存在しないときや支援対象として漏れているとき援助者は開発に向けて動くこととなる。あわせて，既に他の目的で存在するさまざまな仕組みを利用者の必要とする社会資源につくり替えることも社会資源の開発の重要な方法と考えられる。社会福祉以外の分野の社会資源の転用だけではなく，同じ社会福祉分野であっても高齢者向けの社会資源を障がい者に

も活用可能なものにすることも社会資源の開発と考えられる。

　社会資源の調整を図る過程では，その社会資源をさらに使いやすいものにするため，保有する機関・団体・個人に働きかけて改善していくことも求められる。フォーマルな社会資源で足らなければ，ボランティアをはじめとするインフォーマルな資源の活用も検討することとなる。

　また，援助者は既存の社会資源に当てはめていく傾向もあるが，支援を必要としている当事者にとってはニーズに合った社会資源を新たに開発することが望ましい場合もある。それらについては，仕組みがないからといって断念するのではなく，対応可能な方法を新たにつくり出すこととなる。社会資源の開発のひとつの方法として社会資源をネットワーク化していくことが有効である。ソーシャルサポートネットワークについては，「支援の必要な住民の生活状況や福祉ニーズを踏まえ」「フォーマルな支援やインフォーマルな支援をネットワーク化していくことであるが，そうしたネットワーク化だけでは生活課題に対応しきれない場合には，必要とされる援助資源（社会資源）をつくりだして行くこと，すなわち開発していくことも含む概念である」とされる[2]。

　地域援助技術は「歴史的に福祉施設や在宅福祉サービス，住民参加型在宅福祉サービスなど，社会資源の開発の技術として大きな役割を発揮」していると指摘される[3]。さらに「今後もそれぞれの地域の必要に応じて，さまざまな住民諸団体や福祉施設・団体・機関などの間の連携や調整機能，新たな福祉サービスの開発機能を発揮することが求められていく」と考えられる[4]。

　沖縄県社会福祉協議会は2010（平成22）年に「沖縄県社協コミュニティソーシャルワーク研究会」を設置した。同研究会は，2014（平成26）年度の取り組みの成果を総括し，コミュニティソーシャルワーカーが社会資源開発を進めるうえで大事にすべき6つの視点を提言している[5]。すなわち，①アウトリーチによって生活課題を的確に把握し，課題点を整理する視点，②ワーカー自身も社会資源の一つであることを自覚し，積極的にネットワークを広げる視点，③支援を必要とする方（当事者）を中心に考え，当事者の強みを生かしながら，

当事者と地域とのつながりを生み出す視点，④ 地域にある既存の社会資源を把握し，その特徴を理解したうえで活用する視点，⑤ 地域に出向くことで「顔の見える関係性」を築く視点，⑥ 地域に協力者・理解者の輪を広げる福祉教育の視点，の6つである。

　これらはいずれの地域における社会資源開発についても該当する普遍的な視点であるといえる。

　社会資源の開発としては次のようなものも考えられる。① 地縁団体・社会福祉関係者・医療関係者などが地域の福祉問題課題解決のためのネットワークの結成・企画・運営について援助する，② ボランティア組織や当事者組織などの活動を援助する，③ これから社会資源を創出しようとする団体や個人を支援する。社会資源の開発について高齢者福祉を例にとって考えてみる。高齢者分野では，地域包括支援センターが社会資源の調整の役割を果たすことが少なくない。地域包括支援センターは介護保険制度に基づくサービス利用を中心としたニーズ充足を図ることが主たる業務である。しかし，介護保険制度だけでは量的に不十分なサービスや，制度の対象外となる事例も存在する。そのとき，地域包括支援センターが，介護保険制度以外の福祉サービスを活用したり，さらには地域に存在する医療・保健サービスやボランティア，隣人のネットワークなどのフォーマル，インフォーマルな社会資源を活用することによって利用者のニーズを充足することができる。

　実際にこれら活動を進めていくには，必要が生じたときのみならず，常日頃からネットワークづくりを行い，快く協力関係を結ぶことを承諾する団体・個人との関係を構築しておくことが大切である。

―― 注 ――

1）福祉士養成講座編集委員会編『社会福祉援助技術論Ⅰ』中央法規，2001年，p.196
2）精神保健福祉士・社会福祉士養成基礎セミナー編集委員会編『地域福祉論』へるす出版，2009年，p.200

3）福祉士養成講座編集委員会編『地域福祉論（第2版）』中央法規，2003年，p. 223
4）前掲『地域福祉論（第2版）』p. 223
5）沖縄県社会福祉協議会ホームページ www.okishakyo.or.jp〉…〉（2018年7月17日アクセス）市町村社協経営相談事業

参考文献

上野谷加代子・松端克文・山縣文治編『よくわかる地域福祉（第5版）』ミネルヴァ書房，2012年

川島ゆり子・永田祐・榊原美樹・川本健太郎『地域福祉論』ミネルヴァ書房，2017年

社会福祉士養成講座編集委員会編『地域福祉の理論と方法（第3版）』中央法規，2015年

都築光一編著『地域福祉の理論と実際（第2版）』建帛社，2018年

第8章 地域福祉における福祉ニーズの把握方法

第1節　地域福祉におけるアウトリーチの意義

1．地域の多様な課題への対応

　現在，私たちが生活する地域には，貧困，虐待，孤立死，自殺，DV被害，ホームレス，ニートなど，深刻で多様な課題が存在している。また，いわゆる8050問題やダブルケア[1]，ゴミ屋敷，生活困窮世帯など，ひとつの世帯で多様な分野が密接に関わる複合的なニーズが生じているケースも存在しており，これらはいずれも社会的孤立が共通課題となっている[2]。

　このような，地域において社会的孤立状態や制度の狭間にある人たちの声なき声にしっかりと耳を傾けること，ここに地域福祉におけるニーズ把握の重要性がある。

2．福祉ニーズの概念と福祉ニーズの類型

（1）　福祉ニーズと地域福祉ニーズ

　福祉ニーズは，「貧困，高齢，障害，児童，母子などニーズを持つ人間の属性，行政や民間団体などニーズを充足する責任主体との関わり，対人サービスや現金給付などニーズ充足の形態・方法，潜在的・顕在的ニーズ」[3]など分野や充足方法などさまざまな視点から分類することができる。また，福祉ニーズは

第8章　地域福祉における福祉ニーズの把握方法　69

「何らかの基準により測ることで，その基準から乖離した状態で，かつその乖離状態の改善を図る必要があるという社会的な認識が働くことによって，社会的ニーズとして確定[4]」される。そのニーズの判定基準は，「国民生活と意識の実態を踏まえて，その時代に適合する基準かどうか見直し改正する必要性と，判定する組織・機関を再検討する必要性がある[5]」。

　地域福祉ニーズは，貧困，高齢，障害，児童，母子などあらゆる分野を対象とし，分野横断的なニーズも対象となり，公的・私的機関による制度的サービスによって充足されるニーズや住民やボランティア団体などによる非制度的サービスによって充足されるニーズ，制度の狭間などによる潜在的なニーズも含まれるため，多様なサービス供給体制による包括的・総合的な対応が求められている。

（2）　潜在的ニーズへのアプローチ

　地域福祉ニーズは，社会的ニーズとして顕在化したものだけではない。予防的な視点から地域の潜在的なニーズを把握し，対応することが求められる。

　和気康太は，地域福祉ニーズについて，客観的ニーズと主観的ニーズから次のように整理している。客観的ニーズとは，「ある一定の望ましい基準と対象者の現状を比較して，その基準から乖離している場合に，ニーズがあると専門家（行政や専門職，研究者など）が判断するニーズであり，法令や専門家による価値判断など統一された基準により判断する[6]」ものである。また，主観的ニーズとは，「対象者がサービスの必要性を自覚したり，サービスの利用申請を当該機関や団体，施設に申請した場合など，サービスの利用意向を確認したニーズ[7]」である。和気は，これらを4つの象限に整理しており，「第1象限は，専門家によってニーズがあると判断され，対象者本人もサービスの利用申請をするなどニーズを自覚している場合。第2象限は，専門家はニーズがあると判断しているが，対象者本人はニーズを自覚していないため，サービスの利用申請に至っていない状況。第3象限は，専門家はニーズがないと判断し，対象者本人もニーズを自覚していない場合。第4象限は，専門家はニーズがないと判断

しているが，対象者本人はニーズを自覚してサービス利用の申請意向があるもしくは利用申請をしている場合」[8]であるという。

　地域福祉ニーズは，客観的ニーズがあるもしくは，今後あると判断されそうな状態で，本人が自覚していない，または相談に行くことができない状況にあるなど，何らかの支援につながっていないような潜在的ニーズを見落としてはならない。たとえば，認知症高齢者，知的障害者，精神障害者などで判断能力が十分でなく自ら相談したり，支援を求めることが困難な方や，複合的な課題を抱え制度の狭間となる生活困窮者など，本人からの意思表示を待つばかりではなく，予防的視点からソーシャルワーカーなどが地域に足を運び，さまざまな機関と連携しながら早期発見・早期把握に努め，必要なサービスや相談機関につなぐことが期待される。

3．アウトリーチの方法と実際

　岩間伸之によるとアウトリーチとは，「一般的に，積極的に対象者のいる場所に出向いて働きかけることを意味する。生活上の課題を抱えながらも自ら相談機関にアクセスできない個人や家族に対して家庭や学校等に出向いたり，当事者が出ていきやすい場所で相談会を開催するなどのほか，事例によっては早期支援につながるよう積極的な地域ネットワークづくりに取り組むことも含まれる」[9]とされる。

　また，主な相談受付の方法として，「① 出張相談（公民館や商店街等の商業施設，学校における出張相談窓口の設置），② 多様な相談受け付け方法・広報（電話やメール，Fax，ホームページ等での相談受付，TVやラジオ，ホームページ，SNS，広報紙等による広報活動，サロンなど住民が集う場での掲示やチラシ配布などの情報提供），③ 巡回・訪問（自宅や地域拠点等への訪問や巡回活動によるアプローチ）」[10]がある。

　このような相談受付の方法は，生活困窮者自立支援制度の自立相談支援機関に限らず，地域福祉全般におけるアウトリーチの方法として共通するものである。

地域の多様な機関・団体との連携によるネットワークづくりの事例として，千葉県常盤平団地[11]の孤立死対策をみていく。

常盤平団地[12]では，団地自治会，団地社協，民生委員が一体となり「孤独死ゼロ作戦」に取り組んでいる。具体的な活動として，住民が主体となって運営するまつど孤独死予防センターを拠点に，対面や電話による相談事業，家庭訪問や電話確認，安否確認の見守り活動，自治会会報の毎月発行と全戸配布やシンポジウムの開催などの広報活動，年中無休のいきいきサロンの運営，あんしん登録カードによる情報共有などがある。地域は支え合うことが重要であると特に家庭訪問を重視し，消防署，警察署，市役所，UR都市機構，新聞販売店や鍵専門店などと連携してネットワークを構築し，包括的な支援体制で取り組んでいる。

地域福祉ニーズに対応するためには，住民の日常生活場面に積極的に関わりをもってニーズを把握し，必要な支援を行ったり，専門機関へつないだりする方法が求められている。今後は，アウトリーチを含む包括的な相談対応と世帯全体のニーズの総合的なアセスメント，必要な支援のコーディネートが課題となっている。

第2節　地域における福祉ニーズの把握方法と実際

1．地域福祉実践におけるニーズ把握の意義

地域が抱える多様な課題に対して，地域福祉計画，地域福祉活動計画を策定し，誰が，何を，どのように実践していくか，行政や地域住民などが互助や共助のかたちを合意形成しながら検討し，地域福祉を推進することが求められている。そこでは，公的サービスだけではなく民間によるサービスや住民同士の支え合い，専門職と非専門職による協働，住民主体の活動など互助や共助によってニーズを充足する社会福祉の供給体制が必要とされる。しかし，農山村地域や都市部の集合住宅にみられる「限界集落」や，都市部などでみられる住民

関係の希薄化などにより，地域の互助機能が低下している地域もある。

　地域福祉を推進するためには，各地域における福祉ニーズや社会資源の状況など地域の特性を把握することが重要となる。その方法として，地域の全体的な傾向を量的に把握する統計調査方法と，対象者の多様な見解を引き出して理解を深める質的調査方法があり，これらを組み合わせたニーズ把握が求められる。

2．量的ニーズの把握方法

　福祉ニーズの把握方法には，調査票を用いて，地域の全体的なニーズの傾向や，年齢や世帯構成，社会資源など当該地域の特性を量的に把握する方法がある。

（1）　留置き調査

　調査者が調査対象者を直接訪問して調査票を手渡して依頼し，後日調査者が直接回収する方法である。回答の協力がえられやすく回収率は高いが，調査者の確保が課題となる。

（2）　郵送調査

　無作為に抽出した住民等に調査票を郵送し，調査対象者による郵送で回収する方法である。調査者にとっては効率良く多数の対象者に調査を実施できるが，回収率の低下が課題となる。

（3）　集合調査

　調査対象者に一箇所に集合して回答してもらい，その場で調査票を回収する方法である。その場で回収するため高い回収率は期待できるが，対象者同士で回答内容に影響を及ぼす可能性もある。

（4）　面接調査

　調査者が調査票をもとに対面でひとつずつ質問をして内容を聞き取り，データを収集する方法である。対面で行われるため高い回収率を期待できる一方，調査者によって対象者の回答内容に影響が出る可能性もある。

(5) 電話調査

　無作為に抽出した住民にあらかじめ用意した調査票に基づいて，調査員が電話で回答を依頼する方法である．簡単でわかりやすい内容・選択肢や質問数など工夫が求められる．

(6) 公的データの活用

　政府統計の総合窓口（e-stat）や，経済産業省と内閣官房の地域経済分析システム（RESAS）など既存データを活用した地域の分析，民間の地理情報システム（GIS）の活用により，既存の地域データと独自調査した結果を地図に落とし込むことで地域の特性を視覚的にみやすくすることができる．

3．質的ニーズの把握方法

　地域の多様なニーズを具体的に把握することを目的に，対象者の言葉に直接耳を傾けて多様な見解を引き出し，個々の理解を深める質的調査方法がある．

(1) 個別インタビュー

　対象者の言葉で自由に語ってもらうため，対象者の多様な見解を引き出すことを目的とした方法である．調査者は，あらかじめおおまかな質問項目を決めたインタビューガイドに基づいて，柔軟に質問していく半構造化インタビューなどによって行われる．

(2) フォーカスグループ・インタビュー

　複数の参加者から構成するグループを対象に質問することで，参加者がお互いに他者の意見に刺激をうける可能性がある．参加者の相互作用によって生じるグループの力を活用し，多様な見解を引き出していくことができる方法である．

(3) 住民懇談会（座談会）

　小学校区や自治会など，各地域の特性に合わせて小地域単位ごとに公民館などに集まってもらい，地域について話し合う方法である．参加者が対等に話し合えるように付箋紙などを用いて意見を出し合うワークショップ形式で行われ

ることが多い。

4．地域における福祉ニーズの把握の実際

T県M町における第1次地域福祉活動計画策定の取り組みを事例として紹介する。

M町の地域の多様な福祉ニーズの全体的な傾向を量的に把握するために，住民基本台帳から無作為に抽出した町内在住で20歳以上の男女2,500人を対象に，郵送による町民アンケート調査を実施した。その後，地域の多様な福祉ニーズを具体的に把握するため，町内4地区において住民を対象に地域座談会，福祉4団体の合同座談会，高校生を対象にアンケートおよび座談会を実施した。以下は，それぞれの調査概要である。

（1）地域住民座談会の実施概要

対　象：町内4地区（各小学校区）

場　所：各地区の公民館において，それぞれ日時を定めて実施

内　容：「地域福祉活動計画について」の講話を実施，続いて①地域の良いところ・強み，②地域の困ったところ・気になるところ，③自分ができそうなこと，地域のひとの支え合いによってできそうなこと，④良いところを維持していくためにできることについてグループワークを実施

（2）福祉4団体合同座談会の実施概要

対　象：いきいきクラブ連合会，身体障害者福祉会，心身障害児者父母の会，母子寡婦福祉会

場　所：福祉センターにおいて合同で実施

内　容：①各団体から活動状況などの紹介，②活動を通して感じている課題や困りごと，③担い手を増やすために行っている取り組み，④課題解決に向けて自分たち，社協，行政ができることや提案などについてグループワークを実施

（3）高校生座談会とアンケートの実施概要

① アンケート

調査対象：県立高校1－3年生 JRC 部および生徒会　32名

調査方法：留置き調査（調査票は担当教員を通して配布し，後日回収）

回収結果：回収数32件／配布数32件　回収率100％

② 座談会

対　象：県立高校1－3年生 JRC 部および生徒会　28名

場　所：県立高校教室

内　容：地域福祉活動計画の趣旨を簡単に説明，次に① どんなまちに住みたいと思うか，住みたくないまちはどんなまちか，② 住みたいまちにするために自分たちでできることについてグループワークを実施

このように，M町では，量的および質的調査を組み合わせて，地域のニーズを把握・共有して計画を策定している。各地域では，地域福祉計画および地域福祉活動計画を策定するにあたり，適切にニーズを把握し，多様化・複雑化するニーズに対応する地域福祉実践が求められている。

注

1）8050問題とは，80代の親と50代の引きこもりの子が同居している世帯。ダブルケアとは，親の介護と育児に同時に直面している世帯のこと。

2）地域における住民主体の課題解決力強化・相談支援体制の在り方に関する検討会「最終とりまとめ～地域共生社会の実現に向けた新しいステージへ～」2017年

3）三浦文夫『（増補）社会福祉政策研究—社会福祉経営論ノート』全国社会福祉協議会，1987年，pp. 63-64

4）同上書，pp. 59-60，71-72

5）同上書，pp. 73-74

6）和気康太「地域福祉計画と地域福祉調査—ニーズ調査を中心に」『ソーシャルワーク研究』第28巻第1号，2002年，pp. 13-14

7) 同上書, pp. 13-14
8) 同上書, pp. 13-14
9) 岩間伸之編「第4章 相談支援の展開」, 自立相談支援事業従事者養成テキスト編集委員会編『生活困窮者自立支援法 自立相談支援事業従事者養成研修テキスト』中央法規, 2014年, p. 106
10) 同上書, p. 110
11) 常盤平団地自治会編「常盤平団地地域ぐるみの取り組み報告書 孤独死ゼロ作戦 地域活動のあゆみ」常盤平団地地区社会福祉協議会
12) このほかに, 栃木県では, 「栃木県孤立死防止見守り事業（とちまる見守りネット）」として, 県が県警, 民生委員児童委員協議会, コープ, ガスや電力会社, ヤクルト, ヤマト運輸, 日本郵便などと協定を結び, 孤立死を防止するためにネットワークを構築し, 異変に気付いた際の連絡窓口を各市町に一本化し, 孤立死防止に取り組んでいる。宇都宮市や日光市では, 県が実施するこの事業の趣旨に賛同し, 本活動に係る窓口を定めて取り組んでいる。

参考文献

大谷信介ほか編『社会調査へのアプローチ（第2版）』ミネルヴァ書房, 2012年
笠原千絵ほか編『地域の〈実践〉を変える社会福祉調査入門』春秋社, 2013年
三浦文夫『(増補) 社会福祉政策研究―社会福祉経営論ノート』全国社会福祉協議会, 1987年
これからの地域福祉のあり方に関する研究会報告書「地域における『新たな支え合い』を求めて―住民と行政の協働による新しい福祉」2008年
地域における住民主体の課題解決力強化・相談支援体制の在り方に関する検討会「最終とりまとめ～地域共生社会の実現に向けた新しいステージへ～」2017年

地域トータルケアシステムの構築

第1節 地域トータルケアシステムの考え方

1. 保健・医療・福祉の連携の課題

　保健・医療・福祉の連携の背景には，①疾病構造の変化により，慢性疾患の増加と医療機器の開発・改善により在宅での医療が可能となってきたために，地域における在宅医療と福祉の連携が求められるようになってきたことと，②高齢化に伴う，高齢者医療の増加による医療費抑制対策のひとつとして，疾病予防，健康増進，福祉との連携が求められていることがあげられる。

　さらに，現在の市町村地域福祉計画における検討課題は，①財源論からみた医療，年金，介護保険，社会福祉，地域保健の財源の調達と制度間の整合性をどのように図るかという課題，②保健医療福祉のサービス利用における利用圏域の違いや利用要件の違いを調整する課題，③個人の尊厳を中心に据えたヒューマンケアサービスを提供する場合に保健・医療・福祉におけるそれぞれの課題の取り上げる内容とチーム対応の課題，④ヒューマンケアサービスに関し，その各々のアプローチの違いを踏まえつつ事例に即し，地域におけるトータルケアとして効率的でサービスの質を確保したサービスシステム上の連携の課題，⑤地域保健における予防と健康増進，さらに入院から在宅福祉を軸にした地域福祉を展開するためのシステム化と運営管理の課題，⑥医療機

関，地域保健組織，地域福祉のサービス供給組織間の連携を図るシステムの課題，⑦医療・保健・福祉関係者の情報の一元化と共通言語としての連携の課題，⑧医療保健計画，老人福祉計画，介護保険事業計画，市町村地域福祉計画との制度上異なる計画相互の整合性に関する課題，があげられている。

2．地域トータルケアシステムにおけるソーシャルワーク実践

　地域や在宅でのサービス提供にあたっては，医療や福祉施設での治療や支援の有無，地域生活における各個人の生活や経済状況の把握，家族や近隣におけるソーシャルサポートネットワークの有無などを視野に入れた支援が必要となることから，ソーシャルワークはひとつの理論やモデルだけで対応することは困難がある。したがって，アプローチはジェネラルソーシャルワークを基本とすることが求められる。

　地域において慢性疾患を抱える高齢者や精神障がいを抱える人の生活を支援するためには，複合的，継続的な支援が必要となる。またこのような対象者を支援する場合には医師，看護師，理学療法士，作業療法士，介護福祉士などの多職種とチームを組んで支援を行うことが必要となってくる。このようにソーシャルワークが対象者の生活の全体を考え，支援を行う立場からすれば，チームアプローチにおける固有性とコーディネート機能がさらに求められる。

3．コミュニティソーシャルワークの必要性

　地域における自立生活が困難な人や家族がどのような生活課題を抱えているのかを理解するためには，社会福祉の視点からは，経済問題，家族関係問題，虐待問題，身体介護，精神的問題，心理的問題などさまざまな側面から生活課題を理解することが必要となる。このような多面的な生活課題に対応するソーシャルワークとしては，コミュニティソーシャルワークが考えられる。「コミュニティソーシャルワークとは，地域に顕在的，潜在的に存在する生活上のニーズ（生活のしづらさ，困難）を把握（キャッチ）し，それら生活上の課題を抱え

ている人や家族との間にラポール（信頼関係）を築き，契約に基づき対面式（フェイス・ツー・フェイス）によるカウンセリング的対応も行いつつ，その人や家族の悩み，苦しみ，人生の見通し，希望等の個人因子とそれらの人々が抱えている生活環境，社会環境のどこに問題があるのかという地域自立生活上必要な環境因子に関して，分析，評価（アセスメント）する。その上で，それらの問題解決に関する方針と解決に必要な方策（ケアプラン）を本人の求め，希望と専門職が支援上必要と考える判断とを踏まえ，両者の合意で策定する。その際には，制度化されたフォーマルケアを有効に活用しつつ，足りないサービスについてはインフォーマルケアを活用したり，新しくサービスを開発するなど創意工夫して，必要なサービスを総合的に提供するケアマネジメントの方法を手段とする個別援助過程が基本として重視されなければならない。と同時に，その個別支援過程において必要なインフォーマルケア，ソーシャルサポートネットワークの開発とコーディネート，並びに"ともに生きる"精神的環境醸成，ケアリングコミュニティづくり，生活環境・住宅環境の整備等を同時並行的，総合的に展開，推進していく活動，機能である」[1]。

第2節　地域トータルケアシステムの実際

〈地域トータルケアの事例〉

　兵庫県明石市は近畿地方の中部，東経135度の日本標準時子午線上にあり明石海峡に面する都市，人口約29万8,000人（2018（平成30）年12月）で中核市に指定されている。高齢化率は地区によって異なるが平均25.7％である（2017（平成29）年10月）。明石市における地域トータルケアについて紹介する。

　1人暮らしのAさん（76歳・男性）は，4年前に妻を亡くして以来，他県に暮らす息子と娘に連絡を取りながら，近隣の見守りや支えによって毎日を自分のリズムで健やかに過ごしていた。ところが，ある日，自宅内で転倒し手足を

骨折し入院をした。退院したものの，認知症が出始めているし，在宅での生活が不自由になってきた。買い物や炊事，洗濯，掃除，そしてAさんの楽しみであったグランドゴルフや老人会への参加ができないという。

他県在住の息子と娘は自分たちが引き取るか，高齢者介護施設に入所させるかの計画を立てているが，Aさんは，住み慣れた明石で知人たちと一緒に暮らしたいと願っている。

Aさんの住んでいる明石市は，小学校区ごとにまちづくり協議会があり，地区社協とともに社会教育活動と地域福祉活動を一体的に実施している。たとえば見守り活動。コミュニティセンターでのふれあい会食やふれあいサロンの運営，健康相談，種々の行事，などを住民主体で運営している。Aさんのことは，地域総合支援センターと連携しつつ，まちづくり協議会の「健康福祉部会」の住民ボランティアの支えと地域包括支援センターの社会福祉士や保健師などの専門職ネットワークによって支援計画が立てられ，民生委員や近隣の支えと専門職の援助で，可能な限り在宅生活を支援する方向が確認された。もちろん本人の願いに沿って，随時，支援会議が開催されている。Aさんは，介護保険サービスと住民や民間の支援を包括的に組み合わせ，以前のように1人暮らしが継続できている。そして，自分が支援される立場だけとは考えておらず，高齢者と子どもの交流企画・運営への参加，ふれあいサロンの手伝いなど，心身の衰えがあっても，地区住民としての役割への参加を続けている。

このように明石市では「明石市協働のまちづくり推進条例」にもとづき，小地域支え合い活動を実施していくために小学校区コミュニティセンターを地域の多岐にわたる課題に総合的に対応する拠点として位置づけている。また協働のまちづくり推進条例は「地域福祉計画」「地域福祉活動計画」とも位置づけ，地域包括ケアシステムを民間と民間の協働を踏まえ，公民協働の実践としてとらえている。医療モデルではなくあくまでも地域生活支援モデルとして位置づけている。

第3節　地域トータルケアシステムの構築方法

1．個別支援とネットワーク形成，地域支援

　前述したコミュニティソーシャルワークの必要性の項で，ケアマネジメントを手段とし個別援助（支援）を重視し，必要なインフォーマルケア，ソーシャルサポートネットワークの開発，コーディネート，福祉コミュニティづくりなどの支援を展開することの重要性を示した。

　地域トータルケアシステムの構築に向けては，1人の生活困難を解決していくことにかかわる「個別支援」と，個別支援の継続や，個別支援を認知し，支援していくような「ネットワークづくり」を含む地域社会の人びととの合意形成や支え合いの地域力の形成や強化，さらに施策化に関わる「地域支援」の両者が必要となる。

　個別支援とは，その人が抱える生活課題に対してケアマネジメントのプロセスを通して，具体的なケアを提供し，生活課題を解決していくことである。特にニーズの把握とアセスメント，さらにケアマネジメントとに基づく支援方法の展開が必要となる。

　地域支援とは，個別支援をスムーズに展開できるように，地域住民自身の課題解決への理解を高めることや，偏見・差別意識からの解放など，住民の福祉教育・ボランティア学習の振興や地域という一定の範囲における支援者の組織化，当事者の組織化，住民の組織化など組織化に関わることと，フォーマルケアとインフォーマルケアとのネットワークの形成が重要である。

　ネットワーク形成においては，フォーマルケアのネットワークのみならずインフォーマルケアのネットワークが必要となる。

　コミュニティケアのマネジメントを展開するためには，ケアマネジメントとプロセスマネジメントからなるという構造的理解が必要となる。ケアマネジメントは一定期間内に横断的に状況を把握するものであるが，それに対し変化の状態を予測し，予防的視点ももちながら適切な資源を動員し，さらにネットワ

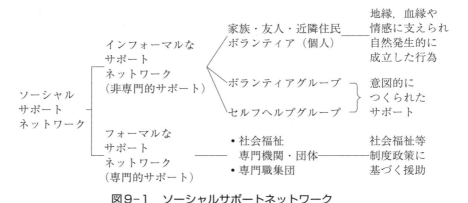

図9-1　ソーシャルサポートネットワーク
出所）社会福祉学習双書編集委員会編『地域福祉論』全国社会福祉協議会，2018年，p.282

ーク化していくのがプロセスマネジメントである。

　このように，個別支援を地域のなかで安定して展開していくためには，図9-1のように，フォーマルケア（サポート）とインフォーマルケア（サポート）をソーシャルサポートネットワークとして整えていくことが必要である。

　今後，認知症や精神疾患を抱える方，ひきこもり状態にいる方，在宅でターミナルを迎える方，また，多重債務者など経済的困難をかかえる方など多くの困難な人びとを地域社会の一員として支えていくことが，地域トータルケアシステムには期待されている。

2．地域トータルケアシステムの構築に向けて

　地域トータルケアシステムは，2012（平成24）年の「介護保険法」改正により，日常生活圏域内で「住まい」「医療」「介護」「予防」「生活支援」の5つのサービスを，高齢者などのニーズに応じて一体的に提供する体制として始まっている。

　今後の地域福祉における地域トータルケアシステムの実践と支援体制づくりは，成熟した福祉への挑戦ともいえる。いつでも，だれでも，どこにでも心の

ケアを含めて個別に継続して対応していくためには，社会福祉士，精神保健福祉士，保健師，主任ケアマネジャー，医師，看護師，作業療法士，理学療法士などとのチームアプローチと，コミュニティソーシャルワークの展開が必要である。そのためにはさまざまな専門職との協働，人材の養成と確保，および地域住民・家族などの支援が必要である。そして，専門職と非専門職，専門職同士の連携・協働をいかに図るかである。単に，専門職個人や家族レベルの問題にせず，職種，組織，機関，行政，社会の問題として取り上げられ，サービス提供が生活者の立場に立ってなされるようなケアシステムづくりが求められている。

注
1）社会福祉士養成講座編集委員会編『地域福祉の理論と方法（第3版）』中央法規，2015年，pp.136-137

参考文献
社会福祉士養成講座編集委員会編『地域福祉の理論と方法（第3版）』中央法規，2015年
社会福祉学習双書編集委員会編『地域福祉論』全国社会福祉協議会，2018年
辻哲夫監修，田城孝雄・内田要編『まちづくりとしての地域包括ケアシステム―持続可能な地域共生社会をめざして』東京大学出版会，2017年
大橋謙策・白澤政和編『地域包括ケアの実践と展望―先進的地域の取り組みから学ぶ―』中央法規，2014年
日本地域福祉研究所監修，中島修・菱沼幹男編『コミュニティソーシャルワークの理論と実践』中央法規，2015年

第10章 地域福祉における福祉サービスの評価

第1節 地域福祉における福祉サービスの評価の考え方

1. 地域福祉における福祉サービスの位置づけと評価が求められる背景

　地域福祉を「脆弱な住民を地域で支えるためのしくみと取り組み」と捉えたとき、福祉サービスは、地域福祉の「しくみ」に関わる具体的な要素として位置づけられ、また「取り組み」のツールとして活用される。「社会福祉法」では、福祉サービスについて、「個人の尊厳の保持を旨とし」、「利用者が心身ともに健やかに育成され、又はその有する能力に応じ自立した日常生活を営むことができるように支援するものとして、良質かつ適切なものでなければならない」として（第3条）、地域福祉の推進における「福祉サービスを必要とする地域住民」の存在を示している（第4条）。そして、社会福祉を目的とする事業を経営する者に対しては、「利用者の意向を十分に尊重し、地域福祉の推進に係る取組を行う他の地域住民等との連携を図り、かつ、保健医療サービスその他の関連するサービスとの有機的な連携を図るよう創意工夫」を行うことを（第5条）、国及び地方公共団体に対しては、「提供する体制の確保に関する施策」と「適切な利用の推進に関する施策」等を求めている（第6条）。さらに、福祉サービスの質の向上のための措置等として、社会福祉事業の経営者には、「常に福祉サービスを受ける者の立場に立って良質かつ適切な福祉サービスを提供

する」こと（第78条第1項）を，国に対しては，「福祉サービスの質の公正かつ適切な評価の実施に資するための措置を講ずる」こと（同条第2項）をそれぞれ求めている。

　以上から福祉サービスは，近年のわが国における地域福祉が成立するための要件として，その推進に欠かすことのできないものと捉えられる。

　福祉サービスについて，その評価に関心が高まった背景としては，2000（平成12）年前後の一連の社会福祉基礎構造改革があげられる。1998（平成10）年4月の改正「児童福祉法」施行，2000（平成12）年4月の「介護保険法」と「社会福祉法」（社会福祉事業法の改正法）施行，2003（平成15）年4月の障害者福祉分野での支援費制度の実施などの動向は，「福祉の市場化」や「措置から契約へ」などと表現されるが，これらは福祉サービスの状況を大きく変えることになった。そして，福祉サービスはそれまでのような社会福祉法人や行政のみからではない，多様な事業者により提供されるようになった。とりわけ，特定非営利活動法人（NPO法人）や営利を目的とする民間事業者による新たな提供が顕著となった。その結果，福祉サービスをめぐっては，事業者間での適正な競争による提供が求められるようになり，さらには，利用者を保護する新たな仕組みづくりが必要とされ始めた。

2．福祉サービスの評価の目的と意義

　今日の福祉サービスには質の確保・向上と丁寧な情報公開が求められる。これらは，地域福祉における福祉サービスの評価の主たる目的として捉えられる。

　契約を前提とした福祉サービスの実施においては，利用者が提供者を選択することになり，そのためには十分な判断材料の用意が必要である。つまり，提供されるサービスには質が求められ，それは選択時に重視される要件のひとつになる。このときに大きな役割をもつのが情報である。福祉サービスの公表にあたっては，内容に過不足がないことや，範囲に偏りがないこと，そして利用

者の身体的状況や生活環境に応じた適切な方法により伝えられることなどが求められる。

　福祉サービスの評価は，このような視点に基づいて行われることが必要であり，ここでは，行政による最低基準に依拠した評価を超える，それぞれの提供者の特徴が導き出され，適切な方法で伝えられることが求められる。これらがシステム化されることにより，多様化し複雑化する利用者のニーズに対して柔軟な対応が可能となり，福祉サービスは良質なものへと向上していくことになる。

　以上を福祉サービスの評価の意義としてまとめると，利用の観点からは，生活の質の向上，権利擁護，サービスの適切な選択に寄与し，提供の観点からは，ニーズへの柔軟な対応，サービス改善への取り組み，透明性の確保を可能にすることなどがあげられる。このように，福祉サービスの評価は，今日の地域福祉の推進に欠かせない取り組みとなっている。

第2節　地域福祉における福祉サービスの評価の実際

　福祉サービスの評価の制度としては，主に「福祉サービス第三者評価事業」と「地域密着型サービスの自己評価・外部評価」があり，さらに，評価はせずに情報の公表のみを行う「介護情報サービスの公表」がある。

1．福祉サービス第三者評価事業

　福祉サービス第三者評価事業は，「社会福祉法」の第78条「福祉サービスの質の向上のための措置等」によって位置づけられ，個々の事業者が事業運営における問題点を把握し，サービスの質の向上に結びつけることと，福祉サービス第三者評価をうけた結果が公表されることにより，利用者の適切なサービス選択に資するための情報となることを目的としている。全国社会福祉協議会が支援業務を担い，都道府県が設置する都道府県推進組織により実施される。運

営の詳細は，2004（平成16）年5月の厚生労働省による「福祉サービス第三者評価事業に関する指針について」(2014（平成26）年4月，全部改正）と，これに定められる各種ガイドライン（「都道府県推進組織ガイドライン」，「福祉サービス第三者評価機関認証ガイドライン」，「福祉サービス第三者評価基準ガイドライン」，「福祉サービス第三者評価結果の公表ガイドライン」など）に規定される。

　高齢者，障がい児（者），児童，保護等分野の原則すべての福祉サービスが対象となる。受審は任意であるが，社会的養護施設（児童養護施設，乳児院，母子生活支援施設，情緒障害児短期治療施設（現在の児童心理治療施設），児童自立支援施設）については，2012（平成24）年度から3年に1回以上の受審と結果の公表が義務づけられている（事業の流れなどについては，本章第3節参照）。

2．地域密着型サービスの自己評価・外部評価

　地域密着型サービスの自己評価・外部評価は，「『指定地域密着型サービスの事業の人員，設備及び運営に関する基準』第72条第2項及び第97条第7項等に規定する自己評価・外部評価の実施等について」(2006（平成18）年10月，厚生労働省老健局計画課長通知）により，「認知症対応型共同生活介護」（認知症グループホーム）の事業所（介護予防事業所を含む）が対象となる。事業所自らが実施する「自己評価」と評価機関が実施する「外部評価」からなり，原則として少なくとも年に1回は実施することが義務づけられている。自己評価は，各都道府県が定める自己評価項目によって行われる。また外部評価は，評価機関を都道府県が選定し，評価機関と事業所の契約に基づき実施される。自己評価・外部評価の結果は，独立行政法人福祉医療機構が運営する「福祉保健医療情報ネットワークシステム」（WAM NET）により，Web上で公開される。なお，小規模多機能型居宅介護（小規模多機能ホーム）については，以上のような義務づけは2014（平成26）年度末で廃止されている。

　2015（平成27）年度からは，地域密着型サービスのうち，小規模多機能型居宅介護，看護小規模多機能型居宅介護，定期巡回・随時対応型訪問介護看護に

については，事業所が提供するサービスの自己評価を年に1回以上行い，運営推進会議（定期巡回・随時対応型訪問介護看護にあっては介護・医療連携推進会議）へ報告し，そこでの評価の結果をインターネットや事業所内の掲示などの手段により公表することとなっている。

3．介護情報サービスの公表

　介護情報サービスの公表は，「利用者による介護サービス（事業者）の適切な選択に資する『介護サービス情報の公表』（情報開示の標準化）について：報告書」（2005（平成17）年3月，社団法人シルバーサービス振興会）をうけて，2006（平成18）年から制度化（介護保険法第115条の35から44）された。新たに介護サービスの提供を開始しようとする事業者と，直近1年間の介護報酬額が100万円を超える事業者が対象となっている。公表する情報には「基本情報」と「運営情報」とがあり（新たに介護サービスの提供を開始しようとする事業者については，「基本情報」のみ），項目は厚生労働省令で定められている（都道府県が独自に項目を追加する場合もある）。対象となる介護サービス事業者が都道府県へ報告を行い，その内容がインターネットや事業所内の掲示などの手段により公表されることとなっている。

　なお，介護サービス事業者への調査については，2012（平成24）年までは毎年1回の受審が義務づけられていたが，現在は都道府県知事が利用者保護の観点から必要があると認めた場合に行うこととなっている。

第3節　地域福祉における福祉サービスの評価の方法

　これまでみてきたように，福祉サービスの評価は，サービスの質の確保・向上と利用者のサービス選択に資するものとして，地域福祉において大切な役割を担っている。

　本節では，「福祉サービス第三者評価事業」を例に，事業推進の体制や評価

の流れをみていく。そして、最後に福祉サービスの評価をめぐる課題についてふれる。

1．福祉サービス第三者評価事業の方法
(1) 推進体制

福祉サービス第三者評価事業の推進体制は、図10-1のとおりである。

全国社会福祉協議会が各種ガイドラインの策定・更新や事業の普及啓発など全国レベルでの推進役を担い、都道府県推進組織が第三者評価機関認証委員会や第三者評価基準等委員会などを設置し、各都道府県における評価機関の認証や苦情などへの対応、評価基準や評価手法の策定・更新、評価調査者の養成研修の実施などにあたっている。厚生労働省は、全国社会福祉協議会および都道

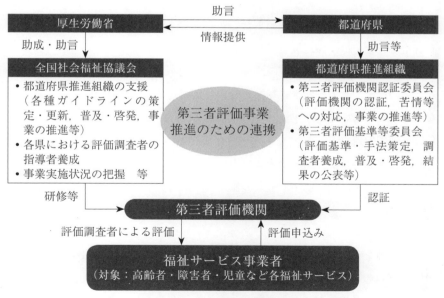

図10-1　福祉サービス第三者評価事業の推進体制

出所）全国社会福祉協議会パンフレット「福祉サービス第三者評価―活用のご案内―」2017年, p.8

府県に対し助言などを行う。

(2) 評価機関および評価調査者

評価機関および評価調査者の要件などについては,「福祉サービス第三者評価機関認証ガイドライン」で規定されている。

評価機関の要件としては,法人格を有すること,要件を満たした評価調査者がいること,守秘義務や倫理,料金などに関する規程が設けられ,事業内容に関する透明性が確保されていること,事業者などからの苦情などへ対応できる体制が整備されていることなどがあげられる。それぞれの評価機関は,これらの要件を満たしたうえで,都道府県推進組織に設置される第三者評価機関認証委員会から認証をうける必要がある。第三者評価機関認証の有効期間は認証をうけた日から3年間で,要件が欠けた場合や不正な行為が行われた場合などには,認証を取り消すことができるとされている。

評価調査者は,「組織運営管理業務を3年以上経験している者,又はこれと同等の能力を有していると認められる者」もしくは「福祉,医療,保健分野の有資格者若しくは学識経験者で,当該業務を3年以上経験している者,又はこれと同等の能力を有していると認められる者」という基準を満たす必要があり,そのうえで都道府県推進組織が行う評価調査者養成研修を受講し,修了しなければならない。

(3) 評価の流れ

受審の申し込みから結果公表までの標準的な流れは,以下のとおりである。

まず,事業所は情報収集のもと評価機関を決定する。評価機関から評価実施方法や費用,スケジュールなどの説明がなされ,事業所の同意がえられれば契約が締結される。次に双方によるスケジュールの調整が行われたあと,事業所は自己評価を実施し,その結果をほかの必要書類とあわせて提出する。評価機関はこれらの確認と分析を行う。なお,自己評価にはいくつかの方法があるが,いずれも経営者のみならず職員による評価が含まれることが重要である。

訪問調査は,2名以上の調査者により,通常1～2日間実施される。主に

① 事業所見学，② 施設長や職員等へのインタビュー，③ 記録や書類等の確認が行われるが，④ 利用者や家族へのインタビューが実施されることもある。

　訪問調査後，評価調査者の合議による評価の取りまとめが行われ，結果が事業者へフィードバックされる。評価機関は事業者に対し，評価結果の公表に関する説明を行う。評価結果の公表に関して事業所の同意がえられたら，評価機関により都道府県推進組織へ報告される。報告された評価結果は，一般的には都道府県推進組織のホームページあるいは WAM NET において公表される。

　なお，前節で述べた社会的養護施設の第三者評価に関しては，① 全国推進組織（全国社会福祉協議会）が評価機関の認証と評価調査者研修を広域的に行うこと（ただし，都道府県推進組織で独自に評価基準を策定し，認証，研修を行うことも可能），② 全国共通の評価基準が定められていること，③ 利用者調査は必ず実施すること，④ 評価結果は共通様式のもと必ず公表されること，といった他の事業所とは異なる定めがある。

　以上，受審申込みから結果公表までは，おおむね3か月から半年程度の期間を要し，受審は有料にて実施される。

（4）　受審の意義

　福祉サービス第三者評価は，利用者に良質で適切なサービスを提供し，質の向上をもたらす有効な手段となっている。とりわけ事業者にとっては，① 利用者に対する適切な情報の提供と取り組みのアピール，② 評価のプロセスを通じた組織の質と職員の意識の向上，③ 組織の現状と課題などについての客観的・専門的把握，などにつながるといった効果をもたらす。

　受審した事業者には，その意義を理解した評価結果の有意義な活用が求められる。

2．福祉サービスの評価をめぐる課題

　わが国における福祉サービスの評価をめぐっては，いくつかの課題も指摘される。

まず，福祉サービスの評価の構成要素を資源投入，実施過程，結果（効果），効率と捉えた場合，これらを総合的に評価するシステムが整っていないことがあげられる。これを克服するためには，評価プログラム自体の評価を目指す「プログラム評価」のさらなる検討が求められる。

　次に，権利擁護に関する視点の脆弱さがあげられる。利用者へのハラスメントや虐待が後を絶たない今日において，福祉サービスの評価が担う役割はますます高まるものと思われ，この点においては事業・制度の積極的な展開が望まれる。

　最後は，相談援助技術との連結に関してである。実践現場においては，日常的にケアマネジメントやケースカンファレンス，スーパービジョンなどが展開されている。福祉サービスなどの社会資源についても，その活用や調整，開発する能力がソーシャルワーカーには強く求められるようになっている。こうした相談援助場面における福祉サービスの評価のシステム化により，福祉サービスは一層充実し，地域福祉はますます進展していくものと思われる。

注

1) 山村靖彦「地域福祉学と共生型地域づくり」田中きよむ編著『小さな拠点を軸とする共生型地域づくり―地方消滅論を超えて』晃洋書房，2018年，p.184
2) 冷水豊「福祉計画におけるサービス評価」定藤丈弘・坂田周一・小林良二編『社会福祉計画』有斐閣，1996年，pp.180-184
3) 大島巌「福祉サービスのプログラム評価とその展開」社会福祉士養成講座編集委員会編『地域福祉の理論と方法（第3版）』中央法規，2015年，pp.294-298

参考文献

定藤丈弘・坂田周一・小林良二編『社会福祉計画』有斐閣，1996年
『社会福祉学習双書』編集委員会編『地域福祉論』全国社会福祉協議会，2018年
全国社会福祉協議会政策企画部『福祉サービス第三者評価実践マニュアル（Version 2)』2014年
平岡公一・杉野昭博・所道彦・鎮目真人『社会福祉学』有斐閣，2011年

第11章 地域福祉と福祉計画

第1節 社会福祉基礎構造改革と地域福祉計画

1．社会福祉基礎構造改革とは

　1951（昭和26）年に「社会福祉事業法」が制定されて以降，日本は少子・高齢化や国際化の進展，低経済成長への移行など社会・経済状況が大きく変化し，多様化する福祉需要への対応が困難となっていた。そこで大きな改正がなされていなかった社会福祉の共通基盤制度について，社会の変化に対応すべく実施されたのが，社会福祉基礎構造改革である。この改革において「社会福祉事業法」をはじめ「身体障害者福祉法」「知的障害者福祉法」「児童福祉法」「生活保護法」「老人福祉法」などが改正され，行政が行政処分によりサービス内容を決定する措置制度から，利用者が事業者と対等な関係に基づきサービスを選択する利用制度が取り入れられることとなった。

　また，社会福祉基礎構造改革により，サービスの質の向上や社会福祉事業の充実・活性化とあわせて，地域福祉の推進が推し進められることとなった。2000（平成12）年に制定された「社会福祉法」の第1条では，目的として「この法律は，社会福祉を目的とする事業の全分野における共通的基本事項を定め，社会福祉を目的とする他の法律と相まって，福祉サービスの利用者の利益の保護及び地域における社会福祉の推進を図るとともに，社会福祉事業の公明

かつ適正な実施の確保及び社会福祉を目的とする事業の健全な発達を図り，もって社会福祉の増進に資することを目的とする」と，地域福祉の推進について言及している。そして第4条においては，「地域住民，社会福祉を目的とする事業を経営する者及び社会福祉に関する活動を行う者は，…中略…地域福祉の推進に努めなければならない」として，地域住民等を地域福祉を推進する主体として位置づけている。

このように社会福祉基礎構造改革において，社会福祉の基調を地域福祉とすることが明確にされ，社会福祉の基礎構造が大きく転換され現在に至っているのである。

2．地域福祉計画とは

地域福祉計画は2000（平成12）年に制定された「社会福祉法」の第107条，第108条において法定化された。

「社会福祉法」第107条が市町村地域福祉計画についての規定となっており，以下の事項を一体的に定める計画を策定するよう努めるものとするとされている。

「(1) 地域における高齢者の福祉，障害者の福祉，児童の福祉その他の福祉に関し，共通して取り組むべき事項
(2) 地域における福祉サービスの適切な利用の推進に関する事項
(3) 地域における社会福祉を目的とする事業の健全な発達に関する事項
(4) 地域福祉に関する活動への住民の参加の促進に関する事項
(5) 前条第1項各号に掲げる事業を実施する場合には，同項各号に掲げる事業に関する事項」

つまり「社会保障審議会福祉部会」の「市町村地域福祉計画及び都道府県地域福祉支援計画策定指針の在り方について（一人ひとりの地域住民への訴え）」によれば，「市町村地域福祉計画は，地域住民に最も身近な行政主体である市区町村が，地域福祉推進の主体である住民等の参加を得て地域の要支援者の生活

上の解決すべき課題とそれに対応する必要なサービスの内容や量，その現状を明らかにし，かつ，確保し提供する体制を計画的に整備すること」がその内容とされている[1]。

「社会福祉法」第108条は都道府県地域福祉支援計画について規定しており，市町村地域福祉計画の達成に資するために，以下の事項を一体的に定める計画を策定するよう努めるものとされている。

「(1) 地域における高齢者の福祉，障害者の福祉，児童の福祉その他の福祉に関し，共通して取り組むべき事項
(2) 市町村の地域福祉の推進を支援するための基本的方針に関する事項
(3) 社会福祉を目的とする事業に従事する者の確保又は資質の向上に関する事項
(4) 福祉サービスの適切な利用の推進及び社会福祉を目的とする事業の健全な発達のための基盤整備に関する事項
(5) 市町村による第106条の3第1項各号に掲げる事業の実施の支援に関する事項」

このように都道府県地域福祉支援計画は，「市町村の区域を包含する広域的な地方公共団体として広域的な観点から市町村を支援し，その際，市町村の規模，地域の特性，施策への取組状況等に応じて，きめ細かな配慮を行う必要があり，このために市町村支援を旨」としている[2]。

なお，厚生労働省社会・援護局長通知「市町村地域福祉計画及び都道府県地域福祉支援計画の策定について（平成26年3月27日社援発0327第13号）」において，「生活困窮者自立支援法」施行に伴って，生活困窮者自立支援制度を市町村地域福祉計画及び都道府県地域福祉支援計画のなかに位置づけて計画的に取り組むことが効果的であるとしている。具体的には，生活困窮者自立支援方策の位置づけと地域福祉施策との連携に関する事項や，生活困窮者の把握などに関する事項，生活困窮者の自立支援に関する事項などを盛り込むべきであるとしており，それらを盛り込んだ計画の策定が各地方公共団体で進められている。

第2節　地域福祉における福祉計画の実際

1．地域福祉計画の策定手順

　社会保障審議会福祉部会「市町村地域福祉計画及び都道府県地域福祉支援計画策定指針の在り方について（一人ひとりの地域住民への訴え）」によれば，地域福祉計画の策定手順として以下が示されている。

（1）第1段階
　準備段階として，地域福祉計画策定の趣旨の確認と合意，地域福祉推進役の育成を行い，地域社会の各種データを収集，分析し，地域のサービス関係機関・団体等の活動状況を把握する。

（2）第2段階
　地域における生活課題の存在を確かめ，その実態を把握するための各種調査活動を実施する。その結果明らかになった地域における生活課題を地域住民等に周知し，解決活動への動機づけを行うための広報や教育活動を実施する。
　また生活課題から地域住民等が解決したいと考える課題を抽出し，そのなかから計画に位置付ける課題を決定するよう援助する。この課題に関係をもつ人びとを選出し，活動に組み入れ，地域福祉計画の目標を決定，地域福祉計画を策定する。

（3）第3段階
　地域福祉計画を実施し，地域社会の協力活動の体制の高まりや福祉水準の高まりなどを評価する。その結果をふまえて，必要に応じて見直しを提言する。
　なお，市町村地域福祉計画，都道府県地域福祉支援計画どちらにおいても，「老人保健福祉計画・介護保険事業計画，障害者計画，児童育成計画，その他の関連する計画との整合性を持ち，かつ，福祉・保健・医療及び生活関連分野との連携を確保して策定される必要がある」とされている[3]。つまり地域福祉計画は，分野横断的な計画として，総合的福祉施策としての性格を帯びているといえる。

2. 地域福祉計画の策定状況

　厚生労働省の調査によると[4]、2017（平成29）年4月1日時点の市町村地域福祉計画の策定状況は、策定済みが1,741市町村中1,289市町村（74.0％）、策定予定が91（5.2％）、策定未定が361（20.7％）となっている。策定済みの市町村は、前回調査と比較して78市町村（4.4ポイント）増加しているが、市区部と町村部で比較すると、市区部では策定済みが89.7％であるのに対して町村部では60.3％にとどまっている。その差は約1.5倍と顕著となっている。また、人口100万人以上の自治体では策定率100％、5万人以上の自治体でも90％を超えている一方、1万人未満の市町村の策定率は5割強である。人口規模の大きな市町村ほど策定率が高い傾向にあるといえる。

　また、2017（平成29）年4月1日時点の都道府県地域福祉支援計画の策定状況は、策定済みが47都道府県中42都道府県（89.4％）、策定予定が5（10.6％）、策定未定は0となっている[5]。都道府県間における市町村地域福祉計画の策定率について、10府県が100％を達成しているが、30％台に留まっているところもあり、その差は約2.8倍となっている。

　市町村地域福祉計画、都道府県地域福祉支援計画ともに策定率には地域間で大きな差があるといえる。

第3節　地域福祉における福祉計画の課題

　現代社会の状況から地域福祉に期待が寄せられているが、地域福祉計画を策定していない市町村が約2割あることは大きな課題である。厚生労働省の調査[6]によれば、2017（平成29）年4月1日時点で策定未定の市町村361（20.7％）のうち、246市町村（68.1％）が「策定する方針はあるが、いつから取りかかるかは未定」としている。未策定の理由は、「計画策定に係る人材やノウハウ等が不足しているため」がもっとも多く296市町村（74.5％）となっている。そのため必要な支援策として「すでに策定した自治体のノウハウの提供」を290市

町村（80.3％）があげている。これは市町村間の連携により解決可能な課題であるといえる。

また「生活困窮者自立支援法」施行に伴って、生活困窮者自立支援制度を市町村地域福祉計画及び都道府県地域福祉支援計画のなかに位置づけて、計画的に取り組むことが効果的であるとされたが、2017（平成29）年4月1日時点での生活困窮者自立支援方策の盛り込み状況は、全1,741市町村のうち、「地域福祉計画に盛り込んだ」と回答したのは680市町村（39.1％）であった。「別の単独計画として策定した」が16市町村（0.9％）、「作業中である」が154市町村（8.8％）となっており、これらを合計すると48.8％の市町村が生活困窮者自立支援方策を取り上げているが、過半数の市町村は生活困窮者自立支援方策を盛り込んでいないことがわかる。都道府県においては、全47都道府県のうち、31道府県（66.0％）が「地域福祉支援計画へ盛り込んだ」「別の単独計画として策定した」「作業中である」と回答しているが、16府県（34.0％）は「予定はあるが作業を開始していない」「予定はない（未定）」と回答している。生活保護受給者や生活困窮に至るリスクの高い層が増加しており、生活困窮者の早期把握や見守りのための地域ネットワークを構築することや「相互に支えあう」地域を構築することが急務となっていることを考えると、この現状は心許ない。都道府県、市町村ともに積極的に取り組むことが望まれる。

「ニッポン一億総活躍プラン」に掲げられている地域共生社会の実現について、具体的に検討するための「地域における住民主体の課題解決力強化・相談支援体制の在り方に関する検討会（地域力強化検討会）中間とりまとめ～従来の福祉の地平を超えた、次のステージへ～」では、「我が事・丸ごと」の体制整備について地域福祉計画のなかに明確に位置づけるべきであること、「我が事・丸ごと」の体制整備をすべての自治体で促進するためにも、地域福祉計画の策定を任意から義務化すべきであること、単に策定されるだけではなく、PDCAの手続きが適切に踏まれることが重要であること、地域福祉計画を多分野の計画を横断的総合的に統合する「上位計画」として位置づけるべきであ

ること，地区単位での住民の地域福祉活動を計画化したり，社会福祉法人などの民間組織・団体の地域福祉活動を計画化し，これらと地域福祉計画を連動させていくことなどが示された。

　これらをふまえて2017（平成29）年に「社会福祉法」が改正されたものの，各市町村，都道府県に浸透しているとはいい難い。地域独自の課題を掘り起こし，地域福祉計画に反映させていくためには，いかにそれにかかる人材とノウハウを手に入れるかがポイントとなるであろう。

　現代は，制度の狭間に落ち込んでしまう福祉問題や多問題家族，孤立など，従来の福祉サービスの枠組みを超える問題や課題が数多くみられるようになっている。そのため地域福祉に寄せられる期待は大きい。それに加えて住民が地域福祉の「支え手側」と「受け手側」に分かれるのではなく，すべての住民が役割をもち，世代や背景を超えてつながり，時に支え，時に支えられながら自分らしく活躍できる地域コミュニティを育成することが目指されている。このような地域コミュニティは，住民が生活における楽しみや生きがいを見出すことを可能にし，またさまざまな困難を抱えた場合でも，社会から孤立せず，安心してその人らしい生活を送ることを可能とする。これらを実現するための具体的な方策として，地域福祉計画は今後も重要な役割を果たしていくと考えられる。だからこそ，地域福祉計画の課題を早急に解決することが求められる。

注

1) 社会保障審議会福祉部会「市町村地域福祉計画及び都道府県地域福祉支援計画策定指針の在り方について（一人ひとりの地域住民への訴え）」
2) 同上
3) 同上
4) 「市町村地域福祉計画策定状況等の調査結果」（2017年4月1日時点）
5) 同上
6) 同上
7) 同上

参考文献

磯部文雄・府川哲夫編『概説福祉行財政と福祉計画〔改訂版〕』ミネルヴァ書房,2017年
杉岡直人編『福祉行財政と福祉計画（第二版）』みらい,2016年
武川正吾編『地域福祉計画——ガバナンス時代の社会福祉計画』有斐閣,2005年
永田祐・岡田忠克編『よくわかる福祉行財政と福祉計画』ミネルヴァ書房,2018年

第12章 地域福祉と福祉教育

第1節 福祉教育の考え方

1．福祉教育とは

　福祉教育とは，地域住民が社会福祉に興味関心をもち，今日のさまざまな福祉的課題に主体的に取り組むことができるように育てることを目的とした教育活動のことである。これまでさまざまな研究者が福祉教育についてその概念や目的を考えてきた。大橋謙策によると，「福祉教育とは，憲法13条，25条等に規定された人権を前提にして成り立つ平和と民主主義社会を作りあげるために，歴史的にも，社会的にも疎外されてきた社会福祉問題を素材として学習することであり，それらとの切り結びを通じて社会福祉制度，活動への関心と理解をすすめ，自らの人間形成を図りつつ社会福祉サービスを受給している人々を，社会から，地域から疎外することなく，共に手をたずさえて豊かに生きていく力，社会福祉問題を解決する実践力を身につけることを目的に行われる意図的な活動である。[1]」としている。

　また，全国社会福祉協議会では，「地域福祉は，福祉教育ではじまり，福祉教育でおわる」という言葉を大切にし，地域住民のエンパワメントをしていくことが地域福祉の推進には不可欠であるとしている。また，住民一人ひとりに対して社会福祉に関する偏見や誤解を取り除き，その価値や目的を問いかけ，

地域の問題解決に向けて促していくとしている。そのうえで,「福祉教育とは,平和と人権を基盤にした市民社会の担い手として,社会福祉について協同で学びあい,地域における共生の文化を創造する総合的な活動である」[2]と結論付け,地域を基盤とした福祉教育を実践しており,主に社会福祉に対する情報を発信し,知識を身に付けることや関心をもってもらうため,啓発活動や広報活動,講演会やイベントを開催している。さらには,住民が主体となって地域福祉を推進していくことができるようにすることを目的としている。そのためには,住民自身が地域の問題や課題を発見し,地域福祉問題を一緒に考え,解決策を導き出す方策についても共有するなどのプロセスを学ぶことが必要である。

　すなわち福祉教育とは,人権を尊重することをベースとし,人と人との繋がりを大切にしながら社会福祉に関する問題解決に向けて学び合うことなどを基本として行われるものである。福祉のマインドを培うことや,社会福祉についての知識を身に付けること,社会福祉への参加を促すことが期待されている。これらが地域福祉の推進はもとより,福祉のまちづくりにも繋がっていくものである。

2. 福祉教育の歴史的背景

　戦後の福祉教育の始まりは,1946(昭和21)年に徳島県で創設された「子供民生委員制度」などがある。当時は戦後の混乱期であり戦災孤児や不良少年も多く,社会問題になっていた。この子供民生委員活動では,「すべてのお友達を幸福にしましょう」という目標を掲げ,子どもたちには社会奉仕や社会貢献活動として,近所の草刈りや掃除,障がい児をおんぶして通学するなどの活動が行われた[3]。その後,1977(昭和52)年には全国社会福祉協議会の事業(国庫補助金事業)として「学童・生徒のボランティア活動普及事業」が創設された。この事業は,子どもの頃から高齢者や障がい者などと交流を通じた福祉活動を中心としたボランティア活動を行うことで,多様性に寛容な子どもたちを育成

することを目的としたものである。当初は指定校の数が154校であったが，近年では16,000校を超えるものとなっており，福祉教育が全国に広がっているといえる。また，1987（昭和62）年には，「社会福祉士及び介護福祉士法」が制定され，社会福祉の国家資格が誕生したことにより養成校が増加し，専門職を育てることを目的とした福祉教育が行われた。

　また，1989（平成元）年より高等学校において福祉科や福祉コースなどが設置され，介護福祉士の受験資格取得や，ホームヘルパーの資格が取得できるようになった。その後，1998（平成10）年には，福祉関連業務に従事する者に必要な社会福祉に関する知識と技術の習得，社会福祉の理念と意義の理解，社会福祉の増進に寄与する能力の育成に関する教育体制を充実する目的から高等学校に教科「福祉」が設置されることになった。

第2節　福祉教育の実際

1．学校教育における福祉教育

　学校教育においては，各科目をはじめ学校行事やクラブ活動などを通じて，多様性や価値観を尊重することで福祉のマインドを身につけさせるための教育が行われてきた。1990年代以降は，学校教育において個性を重視する教育，国際化や情報化への対応などを目標にしてきた。個性を重視する教育では，これまでの画一性や閉鎖性から，個性の尊重，個人の尊厳などを重視するようになった。このことについて1989（平成元）年の学習指導要領改訂では，総則に「学校の教育活動を進めるに当たっては，自ら学ぶ意欲と社会の変化に主体的に対応できる能力の育成を図るとともに，基礎的・基本的な内容の指導を徹底し，個性を生かす教育の充実に努めなければならない。」と規定された。その他にも，学校行事やクラブ活動において奉仕的な活動を行うことについても掲げられ，ボランティア活動などを通じ，障がいの有無にかかわらず，さまざまな人びとと地域のなかで関わることとした。

その後，1998（平成10）年の学習指導要領改訂では，「総合的な学習の時間」が創設され，各学校が創意工夫を生かした特色ある教育活動を展開し，国際理解，情報，環境，福祉・健康など横断的・総合的な学習などを実施するとした。この科目のねらいとして，①自ら課題を見付け，自ら学び，自ら考え，主体的に判断し，よりよく問題を解決する資質や能力を育てる。②学び方やものの考え方を身に付け，問題の解決や探究活動に主体的，創造的に取り組む態度を育て，自己の生き方を考えることができるようにする。の2つが掲げられた。[7] これを踏まえて学校現場では，福祉をテーマとした学習が実施されることとなった。具体的な福祉教育としては，たとえば小学校や中学校においては，福祉の心にふれ，福祉について理解し，福祉の心が行動に表せる児童・生徒を育てることなどをねらいとして，地域の養護学校や福祉施設との交流会，社会福祉協議会の職員を招いての擬似体験活動（シニア体験，車椅子体験他）などが行われた。その他にも，高齢者施設や障がい者施設などでのボランティア活動を通じて，直接的に学ぶなどの取り組みが行われた。

　一方，高等学校においては，総合的な学習の時間の他に，教科「福祉」が設置された。この教科の目標は，「社会福祉に関する基礎的・基本的な知識と技術を総合的，体験的に習得させ，社会福祉の理念と意義を理解させるとともに，社会福祉に関する諸課題を主体的に解決し，社会福祉の増進に寄与する創造的な能力と実践的な態度を育てる。」とし，社会福祉に関する知識と技術の習得にとどまることなく，体験を通じて総合的に学ぶとしている。[8] この教科は，①社会福祉基礎，②社会福祉演習，③福祉情報処理，④基礎介護，⑤社会福祉実習，⑥社会福祉援助技術，⑦社会福祉制度，の7科目で構成されることとなった。さらには，介護福祉士の受験資格に該当する科目と共通する科目が多いため，カリキュラム，教員，施設・設備，実習施設など，介護福祉士養成課程としての指定基準を満たすことにより，介護福祉士の受験が可能な状況になっている。

　このように学校教育における福祉教育は，ボランティアや総合的な学習，教

科「福祉」などによって行われている。

2．地域における福祉教育

　近年では，地域福祉推進の立場からも地域を基盤とした福祉教育の必要性が求められている。そのため，福祉教育は学校だけで行われるものではなく，地域で生活するすべての人を対象として行われるものである。これまでも地域住民に対してまったく福祉教育がなかったわけではなく，ボランティア養成を目的とした講座や，健康や介護予防を目的とした講座などが行われてきた。しかし地域のなかでも意識が高い住民が参加するだけに留まっている現状があり，住民全体に参加してもらえるような方法を考えることが常に課題である。地域における福祉教育は，自分の地域の福祉課題や社会問題を発見し，その解決に向けて住民主体となって動けるような住民を育てることが大切であるため，地域住民が自分の住む地域の現状について知ることはもちろん，多様な福祉課題について学び，個人の意識や行動を変化させて地域全体での福祉意識を変えていくことが必要である。

　なお，全国社会福祉協議会によると，地域において福祉教育に取り組むことの意義として，次の4つを指摘している[9]。

① 地域住民がさまざまな地域課題・生活課題を主体的に学び，問題解決策を考えることで，住民自身が市民社会・地域福祉の支え手・担い手となることを支援する意義があること。

② 新たな地域課題を知る「学びのメリット」から入ることで，地域住民にとっては参加しやすく，裾野を広げられる。結果として地域福祉活動へのリクルートの機会になり，担い手も広がるという意義があること。

③ 社協も地域住民も，まず課題を学び合い共有する「学習課題」化から入ることによって，社協事業としてのきっかけづくりとなる意義があること。

④ 社協がNPOや企業等と関係を構築し，「住民の学びの場」づくりをして

いくことで，その後の活動・事業での協働関係に発展しうる意義があること。

　また，地域においては，サークル活動やサロン活動が行われていることもあり，これらの住民同士の繋がりを用いて，住民主体となって動けるようなネットワークづくりをしていくことも考えられる。このように地域における福祉教育では，住民が主体的に活動できるように働きかけをすることが大切である。

第3節　福祉教育の課題

1．学校教育における福祉教育の課題

　これまでみてきたように，学校教育における福祉教育は，小学校・中学校・高等学校などにおいて実施されている。しかしどの学年においても，シニア体験，車椅子体験，社会福祉施設の訪問などが数回実施され，学年があがっても同じような体験をさせるだけの教育にとどまっている現状がある。さらには，学習内容は全国の学校で統一されたものや，体系的・系統的に示されたものではなく，各学校の教員の裁量に任されている。またそのため，必ずしも専門知識を備えた教員が担当しているわけではなく，教員の経験や価値観によって行われているため，学校によって教育内容に差が生じてしまうことがある。そして学校から地域に出て学ぶ機会があまりなく，学校内だけで完結していることが多い。さらには，主に高等学校などのなかでも進学に力を入れている学校では，大学受験に直接関係のない福祉教育について，重要視されていないといったこともある。このように，何のために体験や学習をするのかといった目的や課題が明確ではなく，学習内容がバラバラであることもなどもあり，福祉教育の効果があらわれているのか疑問である。

　これらの現状からわかるように学校教育における福祉教育については，一応は実施されているものの全国で統一されたものではなく，教育現場でも手探り

状態が続いている。また，これまでは，シニア体験や車椅子体験などを体験させてきたことからわかるように，どちらかといえば高齢者や障がい者の理解が主な内容であった。今後はその他にも，女性，貧困状態にある母子家庭，同性愛者などの性的マイノリティ，ニート，引きこもり，外国人などの人びとの理解を深め，社会的に排除されない社会を実現するための新しい視点からの教育などが求められる。その教育内容や手法の構築については，学校と地域を基盤として，全国規模で検討することなどが必要である。

2．地域における福祉教育の課題

　地域においては，住民が主体的に動けるようになることが望ましい。しかし実際には，地域のなかでも意識が高い住民が参加するだけに留まっている現状があり，福祉に対して興味が薄い，もしくは無関心な住民も存在する。また，地域の福祉に興味関心はあるが，時間的な制約によってボランティアなどに参加できない住民や，参加方法を知らない住民も存在する。さらには，地域における社会福祉のニーズや問題も多様化・複雑化していることを踏まえて，子どもから大人までが福祉教育をうけられるようにすることが急務である。そのためには，行政，学校，地域が一体となって，どのように福祉教育を行うのかについて考える必要がある。福祉教育の手法やプログラム内容については，その地域の状況や特性に応じて決める必要があるが，単独のプログラム内容で終わることなく，体系的・系統的に学ぶことができるようなものが望ましく，常に中身の見直しをすることが大切である。

注

1）大橋謙策『地域福祉論』放送大学教育振興会，1995年，pp. 80-81
2）全国社会福祉協議会『社会福祉協議会における福祉教育推進検討委員会報告書』全国社会福祉協議会，2005年，p. 5
3）阪野貢・新崎国広・立石宏昭『福祉教育のすすめ　理論・歴史・実践』ミネルヴァ書房，2006年，p. 23

4）同上書，p. 29
5）文部省『高等学校学習指導要領解説福祉編』実教出版，2000 年，p. 9
6）下記の小学校・中学校・高等学校の各学習指導要領にて規定されている。
- 文部省発表『小学校学習指導要領　全文と改訂の要点―平成元年（1989）改訂版』明治図書出版，1989 年，p. 6
- 文部省発表『中学校学習指導要領　全文と改訂の要点―平成元年（1989）改訂版』明治図書出版，1989 年，p. 6
- 文部省発表『高等学校学習指導要領　全文と改訂の要点―平成元年（1989）改訂版』明治図書出版，1989 年，p. 5

7）下記の小学校・中学校・高等学校の各学習指導要領にて規定されている。
- 文部省発表『小学校学習指導要領　全文と改訂の要点―平成10年（1999）改訂版』明治図書出版，1999 年，p. 8
- 文部省発表『中学校学習指導要領　全文と改訂の要点―平成10年（1999）改訂版』明治図書出版，1999 年，p. 11
- 文部科学省『高等学校学習指導要領解説総則編』東山書房，2005 年，pp. 10-12

8）文部省『高等学校学習指導要領解説福祉編』実教出版，2000 年，p. 10
9）全国社会福祉協議会『福祉教育実践ガイド　地域福祉は福祉教育ではじまり福祉教育でおわる』全国社会福祉協議会，2012 年，p. 17

参考文献

川島ゆり子・永田祐・榊原美樹・川本健太郎『地域福祉論』ミネルヴァ書房，2017 年
辻浩『現代教育福祉論』ミネルヴァ書房，2017 年
坪井真・木下聖『地域福祉の理論と方法〈第 2 版〉』みらい，2014 年
西尾祐吾監修，上續宏道・安田誠人・立花直樹『福祉と教育の接点』晃洋書房，2014 年

第13章 地域福祉における住民参加の意義と方法

第1節　地域福祉における住民参加の意義

1．住民とは

　地域福祉にとって現在では住民が関わらない状態は考えられない。住民は地域福祉の基礎となる重要な要素であり人材である。地域福祉の展開のなかでは社会福祉基礎構造改革，「社会福祉法」に至る前段の1990年代前後から，「公共」に主眼を置いた住民参加や住民自治を基盤として地域福祉を構築する方向性に転換し今日に至っている。

　参加する「住民」とはそもそも誰のことかと改めて考えてみると，「そこに住んでいる人」「住民票がある人」などといくつかのアイディアが浮かんでくる。

　「住民」は「地方自治法」第10条では「市町村の区域内に住所を有する者は，当該市町村及びこれを包括する都道府県の住民とする」と規定されている。人種，国籍，性，年齢，行為能力のいかんを問わず，自然人，法人を問われない。住民の日常の生活を規定するのは，定住意思・居住満足度・地域政治への参加意欲・近隣との親睦度や信頼度・地縁的な活動への参加状況など，住民が居住する生活圏への帰属意識といわれる。住民が住んでいるのは地縁ネットワークが存在する近隣のエリアであり，圏域としては小学校区程度を想定し

ていることが多い。

　一方で近代化や工業化などの社会変動に伴い，住民に対比されるものとして「市民」概念があらわれる。広辞苑で「市民」は「① 市の住民。都市の構成員。② 国政に参与する地位にある国民。公民。広く，公共空間の形成に自律的・自発的に参加する人々。③ ブルジョアの訳語」とある。また，説明の ② に関わる「市民」概念は政治学や社会学など社会科学で用いられてきており，使われる時代や文脈，そしてその国の意味内容に相違はありつつも使用され続けている用語である。市民の特性としては個人の主体性，合理性，自発的な権利主張やそのための連帯と義務の分担[2]などがあげられている。社会に対して主体的に責任をもつ市民イメージと比して，「住民」は市民を特徴づけている主体性や合理性などを有しておらず，その特性として変化への抵抗性があるとみなされてきた。これはNPO法人など先進的な課題に取り組む新しい担い手である市民活動を担う層と，町内会・自治会など古くからある地縁組織が封建制や前近代性という性質を担う住民という二項対立的な捉え方によるものだった。

　実際には混在して使用される場合もあり，また実際の地域において「市民」は主体的存在で能力が高く「住民」は異なるという人間を区別する側面についての批判もあり，これを乗り越えるために「A市民（A市の住民）」や「地域住民」という呼称を推奨する場合もある。

　また住民と市民は二分される概念ではなく連続性があると考える論もある。当初その土地に居住し，ある個々人が抱える生活問題に対して無関心である，または偏見を有していた住民が，生活問題の背景にある諸要因を自らも関係のあるものと認識するような共感のプロセスを経て，住民は公共空間の形成に自立的・自発的に参加する人びと＝市民となると考える[3]。

2．市民参加と住民参加

　「参加」は形式的に存在する状況であっても使用されるものであり，より積

極的な関与を意味する「参画」というキーワードを用いる場合もある。しかし，一般的に「市民参加」「住民参加」という時には，より積極的な「参画」の意味を込めて使用するのが通常である。また参加は政治参加と社会参加に分けて考えられるのが一般的である。

「市民参加」とは民主主義社会への参加を意識して，行政や政治的，経済的，文化的などの権力の行使において政策や方針の形成，決定，実行過程に参加し行動することをいう。民主主義制度の発展により政治参加の枠組みが成立していく過程で，権利主体である市民がその権利を行使することができない現実に気づき，参加を求める運動として生まれた。国際的には，1960年代に民主主義の改革運動として「参加」を求める市民や学生によるさまざまな行動があり，その後発展した制度変革を含む参加民主主義の社会における発展的な概念として使われている。日本においては革新自治体が自治体改革の方向性をあらわす言葉として使用されはじめ，現在では社会問題解決を目指す過程のひとつを志向するものとされている。この市民参加概念はコミュニティ参加や，より身近な地域の問題を扱う「住民参加」の概念とは区別されるものであるが，ほぼ同義として使用される場合もある。

上記の説明からは「住民参加」はコミュニティ参加やより身近な地域の問題を扱うことだと推測できる。しかし，住民参加はまた「自治体が住民と行政の共同作品として運営されるために，住民が具体的な政策決定過程に参加する行為ならびに制度をいう」とし，「住民参加はまた，地域での住民活動への参加とも区別される」と紹介されており，さまざまな説明があることがわかる。

3．地域福祉における住民参加とその意義

地域福祉における住民参加はひとつには地域社会において政治参加することで，政治参加は政策決定に影響を与える活動への参加であり，審議会や委員会への参加から住民運動や陳情，そして選挙活動も含まれている。社会参加とは広義には政治参加も含まれ，狭義にはサークル，ボランティア，社会教育や町

内会・自治会，PTA などの活動が含まれる[7]。狭義の社会参加は住民が日常的に取り組む活動である一方で政治参加は実体化してくるのが遅かった。

　岡村重夫は住民参加について，「福祉国家における一般的政策はもちろんのこと，個別化された社会福祉に関する諸施策の立案，運営に対する市民参加によって，はじめて国民の福祉は可能になるのである。それは市民化社会における市民運動による立法・行政機関への圧力以上の市民参加，ないしは直接的な介入である。実際の施策の立案過程に対して住民が参加するのみならず，施策や施設の運営・管理に対して住民が参加することを意味する」と述べている。そしてこのような直接的住民参加の場をいかにして確保するのかが問題だ[8]としている。

　岡村が1970年代に住民参加について述べた後，日本の社会福祉は住民を「客体」「対象」と扱う措置制度，つまり住民参加とは異なる次元の仕組みのなかで運用されてきたため，2000（平成12）年の社会福祉基礎構造改革を迎えるまで政治参加としての住民参加はほとんどなかった。「社会福祉法」において規定された市町村地域福祉計画が福祉行政への住民参加の機会を与え，住民と権限を共有する実践的な場を担保した。市町村によって状況は異なるものの，多様な住民参加の方法を工夫し住民とともにサービスの統合化や福祉サービスの開発に取り組む実践も行われた[9]。市町村地域福祉計画は，「社会福祉法」第107条において「住民，社会福祉を目的とする事業を経営する者その他社会福祉に関する活動を行う者の意見を反映させるために必要な措置を講ずる」と規定され，住民が計画策定委員として必ず参加することを求めている。

　また「社会福祉法」第4条において「地域住民，社会福祉を目的とする事業を経営する者及び社会福祉に関する活動を行う者は，相互に協力し，福祉サービスを必要とする地域住民が地域社会を構成する一員として日常生活を営み，社会，経済，文化その他あらゆる分野の活動に参加する機会が与えられるように，地域福祉の推進に努めなければならない」として，地域住民が地域福祉に参加するべきことが定められている。地域福祉における参加とは，第1に条文

にあらわれているように福祉サービスを必要とする地域住民，つまり当事者自身の人間としての尊厳をもって生きるための参加であり，第2に地域住民同士が支え合い，必要な実践や働きかけなどを通して地域福祉を推進するための住民の参加を意味している。

第2節　地域福祉における住民の役割

1．政治参加における住民の役割

　ここでは地域福祉に関わる「参加」において，まず政治への参加ではどのように住民の役割が考えられるかをみていくことにする。

　「政治参加」とは意思決定過程への参加のことであり，政策決定過程への参加であるマクロな政治参加と，サービス供給における利用者参加としてのミクロな政治参加に分けられる[10]。

　具体的にマクロな政治参加とは地域福祉計画や児童，障がい者，高齢者領域の個別計画などの策定委員としての参加が住民の役割としてあげられる。2002（平成14）年社会保障審議会福祉部会による「市町村地域福祉計画及び都道府県地域福祉支援計画策定指針の在り方について（一人ひとりの地域住民への訴え）」には，「ここでいう住民等は，地域福祉計画の策定について意見を述べるだけの存在ではない。計画策定に参加すると同時に自らが地域福祉の担い手であると認識することが重要である。したがって特に関係団体の参加を要請する場合は，代表者の形式的参加で事足りるとすべきではない」とされた。例として，地域住民，要支援者の団体，自治会・町内会，商店街等，民生委員・児童委員などがあげられている。

　ミクロな政治参加は利用者として実際のサービスのあり方にコメントをするなどして，専門職と受け手である利用者の間にある非対称性を調整する働きを意味する。つまり，自らが利用者としてサービス供給者に対して，利用者サイドの責任としてサービスの質の改善を求めることや希望を伝えるという日常的

な行為のなかで，ある意味ミクロな政治参加は成しうるということである。

2．社会参加における住民の役割

政治参加に対する社会参加とは社会福祉活動への参加を意味する。つまり，町内会・自治会による高齢者の見守り活動を行うこと，民生委員・児童委員や保護司といった委嘱型の役割を担い，地域福祉を推進することも社会参加である。

介護経験のある専業主婦が高齢者の生活を支えるボランティア活動を始め，有償型の住民参加型在宅福祉サービスに発展した。その後NPO法人資格を取得して介護保険事業者となり，住民が福祉サービス供給者となる事例もある。

第3節　地域福祉における住民参加の方法

1．政治参加におけるアーンスタインの市民参加の梯子

住民参加がどのような方法でなされるかについては，まず市民参加の梯子というステップを用いて説明するアーンスタインと，より地域福祉の実情に合わせて説明するモデルを紹介する。

「市民参加の梯子」[11]という概念はアメリカにおける住民運動をアーンスタインが分析したもので，1が住民，市民の影響力が弱く，8が影響力が強いという8段階尺度となっており（図13-1），参加には「非参加」「形式的参加」「市民権力」という大きく3つの段階があるということがわかる。まず，「非参加」と括られる「操作」とは世論の操作をしている段階である。また「治療」という訳は直訳でわかりにくいものの，形式的な参加を認める審議会参加などを意味している。次に「形式的参加」である「情報提供」はまさに情報を明らかにされるだけの関わりの段階のこととなる。「相談」は情報が共有され会議に出席することは認められるが，期待される役割は極めて限定的だと考えられる。次の「宥和」とは現象としては市民の存在が認められるかのような状況である

1. 操作：参加の形をとった世論の操作
2. 治療：責任回避のための代用処置的な治療，形式的な参加が認められている審議会参加

・・・・・・・・・・・・・・・・・・・・・・・・・↑非参加・・・・・・・・・・・・・・・・・・・・・・・・・

3. 情報提供
4. 相談：市民は情報を与えられ，相談をうけ，また委員会に出席して計画し勧告することを認められるが市民の影響力は形式的なもの
5. 宥和：市民に初めて一定の影響力が認められるが多数の投票によってその意見は打ち消されるか，行政当局が委員会の提案した計画について留保権をもつことによって市民の実質的パワーはいちじるしく減殺される

・・・・・・・・・・・・・・・・・・・・・・・・・↑形式的参加・・・・・・・・・・・・・・・・・・・・・・・

6. パートナーシップ
7. 権限委譲：計画の策定や決定にあたって市民が優先的な権力をもち，種々の行政機関において市民が過半数の議席をもっている場合をいい，この場合市民は結果に対しても責任を負う
8. 自主管理：市民が委員会等を支配している場合である

・・・・・・・・・・・・・・・・・・・・・・・・・↑市民権力・・・・・・・・・・・・・・・・・・・・・・・・

図13-1　アーンスタインの市民参加の梯子

出所）篠原一「市民参加の制度と運動」『市民参加』岩波書店，1973年，p.24

が，実際には行政の決定が優先することが織り込み済みものものである。「市民権力」とされている「パートナーシップ」は対等な立場を認められた在り方であり，「権限委譲」とは実質的な優先権を行政に対してもっている状況である。最強の参加である「自主管理」は右田紀久恵のいう自治型地域福祉がイメージされるような，住民が自らのものとして実施する段階を意味していると考えられる[12]。このように，住民が自分たちの地域で実効的な力をもつのには時間や住民の能力・技能が求められることにもなってくる。

2．住民の社会参加と方法

　次に地域福祉活動におけるステップアップのプロセスを紹介する[13]。地域福祉における参加には自治会・町内会などの地縁団体への参加から，ボランティアグループや当事者グループへの参加，そして活動費用を募金することや寄付を行うことによっても参加が可能である。その上で福祉サービスや資源をつくる

開発，そして地域福祉計画策定への参加から議員として政策決定に寄与する方法もある。

図13-2のモデルはコミュニティワークに基づいて行われてきた住民や当事者の参加の質を高めるためのプロセスや方法を明らかにして実際に活用するためにまとめられたものである。流れとしては，まず住民や当事者による主体性が芽生えはじめ，住民当事者の主体性の強化までをコミュニティワーカーが「エンパワメントアプローチ」として行うプロセスと考えられている。

（1） 前提段階

まずはその地域に地域住民が参加できる場があることが大前提である。

（2） 善意の一方通行的活動段階

支えを必要とする個々の人への福祉活動，たとえば安否確認，声かけなどが初期の段階とされる。地域住民の出発点としては地域福祉の理念的なレベルではない自らの利益や同情というところからのスタートでもよいとされ，住民と当事者がこのような実践を通じて次第にふれあっていくなかで福祉的な認識にたどり着くことが求められている。

（3） 当事者の主体性重視の芽生えの段階

個々の人への一方通行型福祉活動から，たとえば当事者組織づくりとその活動への援助など，当事者との協働へと踏み出す活動へと展開する段階である。

（4） 投げかけたものが自分に返って来るブーメラン現象の段階

福祉活動を通じて，学びや気づきにより，福祉問題を，当事者の問題であるとともに自分の問題である，として認識し始める段階である。

（5） 目標・計画設定の段階

地域の福祉問題への断片的認識が集約・整理され，問題発生の背景なども把握し，地域の福祉課題として住民が共有しつつ，自らの地域の福祉目標や福祉活動計画などを立案できる段階である。この段階までたどり着くと地域福祉の担い手としての存在感が際立ってくる。

（6） 社会活動の段階

市町村の地域福祉計画などの行政政策へ，ソーシャルアクションを通じて反映させようとする段階である。

（7） 自治体における協働活動の段階

地域住民と市町村行政が一体になって計画立案，政策立案がなされ，役割分担が合意・実践されていく段階，あるいは，国の福祉政策に対して協働対応を行う段階である。

（8） 住民自治型福祉への展開の段階

さらに新たな課題へのチャレンジとステップアップを行う段階である。

ステップ1　前提段階
ステップ2　善意の一方通行的活動段階
ステップ3　当事者の主体性重視の芽生えの段階
ステップ4　投げかけたものが自分に返って来るブーメラン現象の段階
ステップ5　目標・計画設定の段階
ステップ6　社会活動の段階
ステップ7　自治体における協働活動の段階
ステップ8　住民自治型福祉への展開の段階

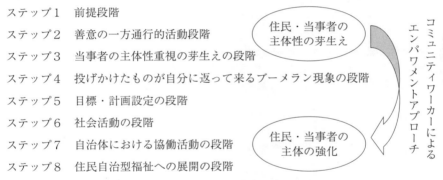

図13-2　地域福祉活動のステップアッププロセス

出所）澤田清方「地域福祉実践と住民参加」『地域福祉事典』中央法規，2006年，p.357

―――― 注 ――――

1）野口定久「住民の定義―住民とは何か」『地域福祉事典』中央法規，2006年，pp.354-355
2）文中では「市民意識を構成する諸特性」として説明されている。倉沢進「市民意識形成の社会的条件」『社会学の基礎知識』有斐閣，1978年，p.221
3）藤井博志「住民と地域福祉」『住民主体の地域福祉論　理論と実践』法律文化社，2008年，pp.100-101
4）武川正吾「地域福祉政策と住民参加」『地域福祉事典』中央法規，2006年，pp.358-359
5）川廷宗之「市民参加」京極高宣監修，編集代表小田兼三他『現代福祉学レキシ

コン』雄山閣出版，2003 年，p.141
6) 越智昇「住民参加」『新社会学事典』有斐閣，1993 年，p.702
7) 武川正吾「地域福祉政策と住民参加」『地域福祉事典』中央法規，2006 年，pp.358-359
8) 岡村重夫『地域福祉論』光生館，2009 年，pp.89-93
9) 永田祐「社会福祉における『住民参加』の進展と課題」『社会福祉研究』第 123 号，鉄道弘済会，2015 年，pp.19-27
10) 同上
11) 篠原一「市民参加の制度と運動」『市民参加』岩波書店，1973 年，pp.24-25
12) 1990 年代の福祉関係 8 法改正を契機とする地方自治体の福祉政策化の方向性が含まれる論として右田紀久恵により「自治型地域福祉」が提唱された。右田紀久恵『自治型地域福祉の展開』法律文化社，1993 年，pp.18-27
13) 澤田清方「地域福祉実践と住民参加」『地域福祉事典』中央法規，2006 年，pp.356-357

参考文献

平川毅彦『「福祉コミュニティ」と地域社会』世界思想社，2004 年
渡邉敏文『地域福祉における住民参加の検証―住民参加活動を中心として』相川書房，2007 年
社会福祉法人東京都社会福祉協議会『報告書　地域のキーパーソンとつながる・協働する』2013 年

第14章 地域福祉とNPO・ボランティア活動

第1節 地域福祉とNPO

1. 広義のNPOと狭義のNPO

　NPO（Non-Profit Organization）とは，利益の再分配を行わない（営利目的ではない）団体を示すが，この場合は公的機関は含まず民間団体を指す。広義においては，地域においては街づくりや環境保護，防犯や防災など，地域の実情や課題に対してさまざまな任意の団体が存在する。また町内会や子ども会など地縁による組織もこの範疇に含まれるとする考え方もある。

　狭義においては1998（平成10）年12月に施行された「特定非営利活動促進法」に基づく法人（NPO法人）を指す。制定の直接の契機は，1995（平成7）年1月に発生した「阪神・淡路大震災」におけるボランティアなどの任意団体の活躍である。法人格をもたない任意団体では税制上の優遇も口座開設もできず，継続し安定した活動を実施することが困難であった。そこで任意団体であっても公益寄与することを目的とするものの法人化を実現し，市民による活動の拡充を図っていく必要性が認識されたのである。特定非営利活動促進法のいう「特定非営利活動」とは第2条第1項に「別表に掲げる活動に該当する活動であって，不特定かつ多数のものの利益の増進に寄与することを目的とするものをいう」と定義されている。「別表に掲げる活動に該当する活動」とは表14

表14-1 特定非営利活動の20分野

(1) 保健，医療又は福祉の増進を図る活動	(11) 国際協力の活動
(2) 社会教育の推進を図る活動	(12) 男女共同参画社会の形成の促進を図る活動
(3) まちづくりの推進を図る活動	(13) 子どもの健全育成を図る活動
(4) 観光の振興を図る活動	(14) 情報化社会の発展を図る活動
(5) 農山漁村又は中山間地域の振興を図る活動	(15) 科学技術の振興を図る活動
(6) 学術，文化，芸術又はスポーツの振興を図る活動	(16) 経済活動の活性化を図る活動
(7) 環境の保全を図る活動	(17) 職業能力の開発又は雇用機会の拡充を支援する活動
(8) 災害救援活動	(18) 消費者の保護を図る活動
(9) 地域安全活動	(19) 前各号に掲げる活動を行う団体の運営又は活動に関する連絡，助言又は援助の活動
(10) 人権の擁護又は平和の推進を図る活動	(20) 前各号に掲げる活動に準ずる活動として都道府県又は指定都市の条例で定める活動

出所）特定非営利活動促進法第2条別表

-1の通りである。

　施行時は12項目であったが，特定非営利活動の一層の健全な発展を図り活力ある社会を実現することを目的に数度の改正を経て，現在は20項目となった。2012（平成24）年4月の改正により2以上の都道府県に事務所を設置するNPO法人の所轄庁事務は，従来の内閣府からその主たる事務所の所在する都道府県が行うようになり，自治体とNPO法人の，連携や協同が今まで以上に期待される。法人数は5万1,870にのぼり（2018（平成30）年3月末現在），地域のさまざまなニーズにこたえるべく活動している。

2．NPOの活動分野

　表14-1にあるようにNPO法人の活動分野として20分野があげられている

が，そのうち「保健・医療又は福祉の増進を図る活動」がもっとも多く，次に「子どもの健全育成を図る活動」「まちづくりの推進を図る活動」「社会教育の推進を図る活動」と続く。

　NPOの活動分野は当然表14-1に明記されたものだけにとどまることや厳密に1項目のみで実施しているわけではなく，複数にまたがった活動をしているNPOも多い。また，近接領域を拡大解釈したものを各項目に当てはめて申請する場合もある。いずれにしても社会環境の変化に伴って新たな課題も生起されるのであるから，当初は12分野で始まった活動分野が今は20に増えたように，今後も新たな分野が設定される可能性は大きい。行政の手が回らないもしくは役割ではないニーズに対して，きめ細やかな活動の展開が期待されるNPOの可能性は大きい。

第2節　地域福祉とボランティア活動

1．ボランティアの定義

　一般的には「自発的な意志に基づき他人や社会に貢献する行為」を指してボランティア活動とし，その活動の性格として「自発性（主体性）」「社会性（連帯性）」「無償性（無給性）」などがあげられるが，ボランティアについての定義についてはさまざまな論議があり，定まってはいない。しかし，この「定まっていない」ことが「自由意思」を大前提とするボランティアという活動については，その多様性を認めることにつながるであろう。

　また，交通費などの実費や幾ばくかの謝礼をボランティアをされる側が支払う「有償ボランティア」とよばれるものがあるが，これは「無償性」に反するものではないかという考え方も根強い。ただ，1993（平成5）年に「受け手と担い手との対等な関係を保ちながら謝意や経費を認め合うことは，ボランティアの本来の目的から外れるものではない」と中央社会福祉審議会が意見具申している。社会福祉協議会などが実施している，配食・通院同行・家事手伝いな

ど住民相互の助け合いを基盤とした「住民参加型有償福祉サービス」も「有償ボランティア」の延長線上とも考えられ，制度のすきまにある福祉ニーズを満たすためには不可欠のものである。

2．日本における「ボランティア元年」

　1995（平成7）年，1月17日，午前5時46分，阪神地方にマグニチュード7.3の地震が発生し，淡路島北部・神戸を中心に震度6から7を記録した。この地震による死者および行方不明者は6,434人であり。また，全半壊家屋は約24万9千戸，焼失家屋は約7千500戸にのぼった。この未曽有の大災害に対し行政や社会福祉協議会も支援活動を実施したが，サービスの「公平性」を求められる組織・機関にあっては，迅速な対応には限界があった。甚大な被害をうけた被災地では，被災者は今までの日常生活から大きくかけ離れた状況にあり，自らの身の回りのことすらままならない。このような時に支援にあたってくれるボランティアは，被災者にとって非常に頼りになる存在であった。全国から1年で累計約137万7,300人のボランティアが集まり，さまざまな分野での被災地支援を行った。この阪神・淡路大震災が発生した1995（平成7）年は，日本における「ボランティア元年」といわれている。

　同年12月の「災害対策基本法（昭和36年11月15日法律第223号）」の改正において，「国及び地方公共団体は，ボランティアによる防災活動が災害時において果たす役割の重要性に鑑み，その自主性を尊重しつつ，ボランティアとの連携に努めなければならない（第5条の3）」と「ボランティア」という言葉がわが国の法律に初めて明記された。これは地域社会におけるボランティアの役割の重要性について国が認識を広く示したものとして着目できよう。

3．ボランティアの活動実態

　内閣府が2016（平成28）年に実施した「平成28年度　市民の社会貢献に関する実態調査」によると，過去3年間に「ボランティア活動をした」と答えた

人は23.3%，その人たちが「ボランティア活動に参加した分野」は「保健・医療・福祉」がもっとも多く27.3%，次いで「まちづくり・まちおこし」が26.6%，「子ども・青少年育成」が23.2%，「自然・環境保全」が20.3%と続いている。ただし，年齢や婚姻状況によって参加した分野が異なる傾向もある。

次に「参加理由」であるが，「社会の役に立ちたいと思ったから」がもっとも多く45.6%，そして「活動を通じて自己啓発や成長につながると考えたため」が35.6%と続いている。「参加の妨げとなる要因」は，「参加する時間がない」が53.8%，「ボランティア活動に関する十分な情報がない」が39.8%と続いている。ボランティア経験の有無は，男女に大きな差異はみられず，全体で23.3%であった。以上は全国調査の結果である。いわゆる都市部と過疎の村では当然住民層の構成や福祉ニーズも異なるものであるから，ボランティアの活動実態についてはそれぞれの地域ごとに把握することが求められる。

第3節 地域福祉とNPO・ボランティア活動の課題

1．「地域福祉の推進者」として

「社会福祉法」の第4条には（地域福祉の推進）として次のようにある。「地域住民，社会福祉を目的とする事業を経営する者及び社会福祉に関する活動を行う者は，相互に協力し，福祉サービスを必要とする地域住民が地域社会を構成する一員として日常生活を営み，社会，経済，文化その他あらゆる分野の活動に参加する機会が与えられるように，地域福祉の推進に努めなければならない」。これが意味するところは，①「地域住民」，②社会福祉法人をはじめとした「社会福祉を目的とする事業を経営する者」，そして③NPOやボランティアなどの「社会福祉に関する活動を行う者」は地域福祉の推進者として位置づけられていることである。これはかつてのように行政が主導的役割を担うのではなく，地域住民を中心に社会福祉への参画を明確化したものである。

また、第107条は、「市町村地域福祉計画」の策定または変更について規定しているが、その場合は「住民、社会福祉を目的とする事業を経営する者その他社会福祉に関する活動を行う者の意見を反映させるために必要な措置を講ずるよう努める」とあり、ここにも同様の位置づけがなされている。

このように現在は、地域住民を中心としたNPOやボランティアは、地域福祉の推進者として政策決定の段階から参画することが求められているといえる。

2．継続的，発展的な活動にするために

内閣府が2018（平成30）年2月に行った「社会意識に関する世論調査」によると、日頃社会の一員として、何か社会のために役立ちたいと思っているかそれともあまりそのようなことは考えていないか、との質問に対し「思っている」と答えた者の割合が66.3％に上っている。このような思いをもった人びとをどのように具体的な地域福祉活動に招き入れていくのか、その仕組みづくりが最大の課題である。そのためには、NPOやボランティアが地域住民に対して積極的に理解を求めていくことが必要であり、また福祉分野のNPOを立ち上げたい、ボランティア活動をしたいと考える人びとに対して、地域のニーズ、活動方法や運営などについての情報提供やNPOやボランティア同士が連携をとりやすい仕組みを充実させるべきである。その際、地域の社会福祉協議会などはコーディネートする役割が期待される。

また、先述した内閣府の「平成28年度市民の社会貢献に関する実態調査」では、ボランティア活動を「したことがある」と回答した人の参加理由は、「社会の役に立ちたいと思ったから」「自分や家族が関係している活動への支援」「自己啓発や自らの成長につながると考えるため」などが上位に示された。このように様々な「動機」の背景を踏まえることで、地域活動やボランティアへの「招き入れ」のためのアプローチを練ることができよう。同様に留意すべき点として、同調査では、ボランティア活動参加の妨げとなる要因として「時

間がない」ことと「情報がない」ことが示された。以上のことは，地域・男女・世代によっても大きく異なってくるものであり，これはボランティアを継続的，発展的な活動にする際の広報や情報提供をする場合には，十分考慮すべきことといえる。

　NPOやボランティアは，決して行政の安易な下請けや制度の補完であってはならない。「地域福祉の推進者」「地域の代弁者」としての役割を，地域の実情に合わせて展開していくことが求められている。

参考文献

雨宮孝子・小谷直道・和田敏明『ボランティア・NPO』中央法規，2008年
川村匡由編『ボランティア論』ミネルヴァ書房，2006年
内閣府「平成28年度　市民の社会貢献に関する実態調査」2017年
内閣府「平成29年度　特定非営利活動法人に関する実態調査」2018年
日本ボランティアコーディネーター協会『市民社会の創造とボランティアコーディネート』筒井書房，2011年
長谷川洋昭・福島忍・矢野明宏編著『災害福祉論』青踏社，2015年

第15章 地域福祉の財源基盤

第1節 地域福祉推進のための公的な財源

1. 財　政
(1) 財政とは何か

　福祉のための主な公的な財源は税金で支える財政である。財政は政府部門による経済的活動である。財政は大きく国家財政と地方財政に区分され，地方財政は，都道府県と市町村という普通地方公共団体及び，特別区や一部事務組合などの特別地方公共団体の財政から成る。つまり地方財政は単一ではなく，集合として捉えられる。

　マスグレイブ（Musgrave, R. A.）によると，財政には所得再分配機能，資源配分機能，景気調整機能がある。所得再分配機能は，市場経済で生じる格差を是正する機能で，累進課税制度による高額所得者に対する高い税率の適用，生活保護制度などが相当する。資源配分機能は市場経済では困難な公共財の供給が中心となる。景気調整機能は，増減税や公共投資により，好不況を繰り返す市場経済を安定させるものである。防貧や福祉サービスの提供，雇用創出，公営住宅の提供など財政は広く社会保障全般に関わる[1]。

　政府がどの財を供給するのか，またどのように財源を確保するか，歳入と歳出が予算に記される。国家財政に関わる予算は国会で審議し議決を経ると「憲

法」に定められ，地方財政については「地方自治法」に，議会の権限として予算を定めると記載される。国民や住民の代表者が，徴税及び将来に関わる公債発行による歳入と，国民や住民のニーズに応じる歳出を定める。これが財政民主主義である。

（2） 国と地方の関係

国家財政と地方財政には，果たす機能の比重に違いがある。広義の社会保障からナショナルミニマムを満たし格差を是正する所得再分配機能は国家財政が担い，地方財政では専ら資源配分機能，国民生活に不可欠な公共財の供給を担うとされる。税は国が多く集め，経費は地方が多くを負担するため，国は地方に財政資金の移転を行う。

地方公共団体へ財政資金を移転する制度として地方交付税と国庫支出金（国庫補助負担金）がある。地方交付税は税収の地域間の差の是正を図る。国税の所得税，法人税，酒税，消費税の一定割合と地方法人税の全額を財源とし，人口などの基準により，都道府県と市町村のそれぞれが必要とする基準財政需要額を算定，標準的な地方税収入見込額の一定比率の基準財政収入との差額を交付する。

国庫支出金は地方公共団体の事業を国が負担する負担金，国に関係ある事務を行うための委託金，そして事務，財政上に必要があると認められる場合の補助金に区分される。現在，負担金には34事務があげられ，生活保護や児童扶養手当，重度障害児に対する障害児福祉手当など給付の一部や知的障害者の援護に要する経費など，地方公共団体が担う福祉事業費が含まれる。ナショナルミニマムを保障するため国が財源の一部を担う。

生活保護では「生活保護法」に従い保護費や保護施設事務費などの4分の3を負担し，また障害者（児）の日常生活での自立を促す地域生活支援事業は，「障害者の日常生活及び社会生活を総合的に支援するための法律」の定めにより国庫補助率が50％（市町村事業の場合は，都道府県も25％負担）である。国庫支出金分以外は地方負担であるが，地方交付税の算定により国からの移転もあ

り，国の財源の割合はさらに大きくなる。

（3） 地方財政における民生費

自治をより小さな団体で行い，困難なことはより大きな団体で補完する考え方を補完性の原理とよぶ。住民に身近な地域福祉は，地方公共団体が行うことになる。

2016（平成28）年度決算で，都道府県と市町村の歳出総額（純計）は98.1兆円である。福祉に関わる経費は民生費に区分され，その額は26.3兆円，総額に占める比率は26.8％で，この比率は年々拡大している。特に市町村の財政では37.2％と3分の1強を占める。

民生費の目的別の内訳を都道府県，市町村に分けて表15-1に示す。民生費

表15-1　2016（平成28）年度の都道府県・市町村における民生費の状況

（単位　百万円・％）

	都道府県		市町村		純計額	
	金額	構成比	金額	構成比	金額	構成比
社会福祉費	2,669,405	31.2	5,653,330	26.9	7,153,565	27.2
うち扶助費	232,221	8.7	3,340,570	59.1	3,572,791	49.9
うち補助費等	1,972,738	73.9	242,260	4.3	1,048,023	14.7
うち繰出金	100	0.0	1,351,960	23.9	1,352,060	18.9
老人福祉費	3,134,517	36.6	3,732,768	17.8	6,219,299	23.6
うち扶助費	10,431	0.3	209,542	5.6	219,973	3.5
うち補助費等	2,942,621	93.9	124,087	3.3	2,450,226	39.4
うち繰出金	815	0.0	3,058,438	81.9	3,059,253	49.2
児童福祉費	1,669,813	19.5	7,533,670	35.9	8,152,603	31.0
うち扶助費	351,813	21.1	5,420,408	71.9	5,772,221	70.8
うち補助費等	1,070,165	64.1	297,061	3.9	360,044	4.4
生活保護費	248,939	2.9	3,784,693	18.0	3,993,921	15.2
うち扶助費	185,012	74.3	3,532,617	93.3	3,717,629	93.1
災害救助費	832,111	9.7	308,378	1.5	821,367	3.1
合計	8,554,785	100.0	21,012,839	100.0	26,340,756	100.0

出所）「平成30年版　地方財政白書（平成28年度決算）」より筆者作成。

の合計は都道府県が8.6兆円，市町村が21.0兆円である。項目別でもっとも大きな金額は児童福祉費で，純計額が8.2兆円（31.0％），うち5.8兆円余りを各種手当などに充てる扶助費が占める。社会福祉費は7.2兆円（27.2％）で，障害者の援護に係る経費，障害者総合支援法に基づく支出の他に総合的な福祉の経費となる。この総合的な福祉の経費が各種の補助などを通し，地域福祉の実現に関わる財源となる。老人福祉費は6.2兆円（23.6％）で，市町村による介護保険財政への繰出金が大きな割合を占めている。また生活保護費の約4.0兆円の大半は扶助費として充てられる。

2．社会保険

保険はリスクに備え多数の人が資金を積み立て，必要とする事態に際し資金を受け取る仕組みである。国が制度設計を行う公保険のなかで，医療，年金，介護，雇用，労災の各保険は国民生活の安定に不可欠の社会保険である。個人，事業主の保険料及び公費を主な原資とし，財政を財源とする公助に対し共助である。

地域福祉に関わる財源として，2000（平成12）年に施行された「介護保険法」に基づく介護保険を取り上げる。保険者である市町村は保険料徴取や要介護認定等の事務，保険料の決定など介護保険の財政運営を担う[2]。2016（平成28）年度，全国での歳入は10.24兆円で，保険料収入が47.2％，国庫支出金が22.5％，都道府県支出金が13.7％，そして市町村の普通会計からの繰入金が14.6％，その他2.1％となっている[3]。

介護保険の主な支出は被保険者への介護給付費であるが，2005（平成17）年の法改正で市町村が実施する地域支援事業が導入された[4]。さらに2014（平成26）年の改正で予防給付事業の一部が地域支援事業に移行され，同事業は介護予防・日常生活支援総合事業，包括的支援事業，任意事業に整理された。2016（平成28）年度の地域支援事業の歳出額は2,740億円であり，うち地域福祉に関連する包括的支援事業，任意事業は1,636億円を占める。財源内訳であるが，

保険料は1号被保険者のみの負担で23％であり，国38.5％，都道府県19.25％，市町村19.25％となり財政からの投入が大きい。[5]

2018（平成28）年の「社会福祉法」の改正により，社会福祉法人は余剰の資金を用い地域公益事業に取り組むこととなった。介護保険などが社会福祉法人の収入源となることから，同事業の財源の一部は社会保険が担うともいえる。[6]

3．地域福祉基金

基金は，広く社会に還元することを目的に，積立てまたは準備しておく資金である。そして資金や運用益を教育や福祉，文化など営利以外の活動に配分する。「地方自治法」の第241条には，地方公共団体は，特定の目的のために資金を運用するための基金を設けることができる，とある。

地域福祉に関わる基金として，「高齢者保健福祉推進十か年戦略（ゴールドプラン）」を踏まえた地域福祉基金がある。[7] 在宅福祉の拡大や健康づくりなどに対する民間活動へのインセンティブとなることが期待された。具体的には，地域福祉基金を設置する経費について地方交付税措置（1991（平成3）年から1993（平成5）年まで）を行うことで，地方自治体は負担なく基金を設立することができ，実際多くの自治体が地域福祉基金を設置した。

平成21（2009）年，地域福祉基金の残高は都道府県，市町村を併せて5,167億円あまり，運用益（取崩額を含む）はおよそ257億円である。在宅福祉の普及・向上に38.8％，健康・生きがいづくり推進に12.7％，ボランティア活動の活発化に5.0％，その他に43.6％を助成した。[8]

第2節　地域福祉推進のための民間の財源

1．共同募金

個人の善意により集めた寄附などの資金を原資とする募金のなかでも，1947（昭和22）年に国民助けあい運動として始まった共同募金は，GHQの方針によ

る社会福祉の4原則の公私分離の原則を踏まえ，寄附を社会福祉活動の財源とするものであった。現在，共同募金は，「社会福祉法」の第112条において，「都道府県の区域を単位として，毎年一回，厚生労働大臣の定める期間内に限ってあまねく行う寄附金の募集」とされ第1種社会福祉事業である。区域における地域福祉の推進を図るため，社会福祉事業，更生保護事業，社会福祉を目的とする事業を経営する者に配分する。都道府県を単位に設置される共同募金会が事業主体である。

　2016（平成28）年の全国での募金総額は181.4億円であるが，1995（平成7）年の265.8億円ピークに年々減少をしている。72.9％を占める戸別募金の多くは自治会を通してのもので，自治会加入率の低下がひとつの要因とされる。2016（平成28）年の助成総額は157.7億円で，内訳は日常生活支援が23.2％，社会参加・まちづくり支援が43.3％，社会福祉施設支援が8.7％，その他の地域福祉支援が19.9％，災害対応・防災が5.0％となる。ところで共同募金は地域福祉活動の中心となる市区町村の社会福祉協議会（社協）活動の原資ともされる。共同募金会の配分先では50〜60％が社協であり，社協を通して地域の福祉やボランティア活動の財源となっている。[9]

　ところで，募金額の低下をうけ，従来，毎年10月1日から12月31日までの募集期間の延長を中央募金会と厚生労働省が協議，2010（平成22）年から，地域ごとにテーマを設定し，翌1月1日から3月31日までをテーマ型募金の募集期間とするモデル事業を一部の都道府県で実施することとなった。共同募金の募集期間については「社会福祉法施行規則」によって厚生労働省告示に示されることとなっており，モデル事業の間は，一部の都道府県で募集期間が10月1日から翌年3月31日となった。2016（平成28）年からはすべての都道府県での募集期間が10月1日から翌3月31日までとなったが，モデル事業の成果を踏まえ，延長期間はテーマを設定するなど新たな募金者の確保に重点が置かれている。

2. 民間の基金・助成財団

　民間での出捐金（寄附金）をもとにする基金がある。集めた寄附金や運用益を福祉事業や団体に助成する。財団法人の他、社会福祉法人、NPO法人などが基金を運営している。公益財団法人や認定NPO法人、社会福祉法人への寄附には所得税控除もあり、これら法人格を有する団体は寄附金を集めることに有利であり、運用益よりも寄附を集めて配分する基金も多くなっている。

　社会福祉事業に助成を行う団体には、社会福祉法人丸紅基金や公益財団法人キリン福祉財団のように企業名を冠するものもあるが、企業の理念などを踏まえて設立され、助成や運営がなされる。課題解決のために設立される基金もある。子どもの未来応援基金は、子どもの貧困問題の解決を目指して政府が旗振り役となっている子どもの未来応援国民運動の一環として登場した。政府の意向を踏まえての民間基金であり、独立行政法人福祉医療機構が管理、運営をしている。また、社会福祉法人中央共同募金会が運営する赤い羽根福祉基金は、社会課題の解決に共感する寄附者を募り、その意思を踏まえて助成する。

　公益財団法人助成財団センターの調査によると、932財団の2016（平成28）年度末での資産合計はおよそ4.9兆円であり、また年間助成額の合計は約1,092億円であったという。助成事業の分野で福祉は9.2％を占めている。[10]

第3節　地域福祉の財源基盤の確立

1. 社会保障と税の一体改革

　福祉に関わる財源基盤は、地方への資金移転を通し国家財政によるところが大きい。ところが、1990年代以降、最近までの税収の落ち込みと歳出の増大からその持続性が課題となっている。歳出増の要因が社会保障費である。一般会計総額に占める比率は1990（平成2）年度の18.4％から、2017（平成29）年度に33.1％に拡大した。なかでも年金医療介護保険給付費が7割以上を占める。社会保険制度も所得再分配機能の一部を担うため国の財政が充てられる。

しかし，共助である社会保険制度を国の財政が支えることは，負担者と受益者が異なり支出への歯止めがかかりにくい。

こうした社会保険を含む社会保障制度の改革のため2012（平成24年）2月に「社会保障・税一体改革大綱について」が発表された。消費税率の引き上げとともに，特に給付費を抑えるべきとされる医療・介護において「できる限り住み慣れた地域で在宅を基本とした生活の継続を目指す地域包括ケアシステムの構築に取り組む」と記載された。在宅を中心に介護と医療を結ぶ地域包括ケアシステムの構築には，地域資源の開発や住民の組織化，在宅支援など，地域福祉が必要とされる。国の財源を持続させ基盤とするために地域福祉の役割が重視されている。

2．地方分権と財源問題

1990年代以降，地方分権の動きが加速，1999（平成11）年「地方分権の推進を図るための関係法律の整備等に関する法律（地方分権一括法）」が成立，補完性の原理が「地方自治法」第1条の2に条文化された。そして国の業務を地方公共団体の長（機関）と地方公共団体に委任する，それぞれ機関委任事務と団体委任事務は廃止，国の事務を法令により地方公共団体が処理する法定受託事務（都道府県から市町村への法定受託事務もある）と，それ以外の自治事務へ整理された。機関委任事務であった生活保護の決定，実施や児童扶養手当の支給などは法定受託事務となった。

地方分権は財源問題にも及ぶ。2002（平成14）年の「経済財政運営と構造改革に関する基本方針　2002」に三位一体の改革，すなわち「国庫補助負担金（国庫支出金），地方交付税，税源移譲を含む税源配分のあり方を三位一体で検討」が記載された。福祉に関しては保護基準の設定権限を地方に移譲するとの理由で生活保護に係る国庫負担金の補助率を2分の1に引き下げることが検討された。だが生活扶助本来の意義を踏まえ，地方公共団体の強い反対があり，現在も4分の3に置かれている。この一件は，地方分権を名目に国の歳出削減[11]

により財源が揺らぐ可能性を示している。

　地域福祉へ重点が移るなか，国の役割が後退する可能性は高い。地方財政が地域福祉の財源の基盤となることは，政策と財源を一体化するが，一極集中など地域間の格差が広がるなかで，地方部での財政基盤の確立が大きな課題となる。今後，予防医療の充実やボランティアの活用など，独自の地域福祉政策を展開することが求められる。

注

1) 社会保障給付費はILO基準である，(1)高齢，(2)遺族，(3)障害，(4)労働災害，(5)保健医療，(6)家族，(7)失業，(8)住宅，(9)生活保護その他，についてのリスクまたはニーズに対する給付と定義され国際比較に用いられている。そして財政を民間部門に資金を移転する移転支出の大半が上記の経費である。以上より，財政は広く社会保障全般に関わると考えられる（国立社会保障・人口問題研究所『平成28年度　社会保障費用統計』「社会保障費用統計について」及び他の文献より）。
2) 規模の小さな市町村の場合は組合を作り運営することも可能である。
3) 厚生労働省『平成28年度介護保険事業状況報告（年報）』（「政府統計の総合窓口」より）
4) 厚生労働省『介護保険制度改革の概要—介護保険法改正と介護報酬改定』平成18年3月発行
5) 介護予防・日常生活支援総合事業は介護給付費と同様に保険料が50％，残りが公費で国が25％，都道府県と市町村がそれぞれ12.5％である。
6) 独立行政法人福祉医療機構による経営分析参考資料によると，従来型の特別養護老人ホームでは，介護保険関係収益が80％を占める（平成28年度決算分）。
7)「高齢者保健福祉推進特別事業について」（平成3年6月3日，自治政第56号・厚生省発政第17号，各都道府県知事・各政令指定都市市長あて自治・厚生事務次官連名通知）。
8)「地方財政状況調査」(2009年度) に示された地域福祉基金の状況より算出。
9) 社協への配分額については，行政管理庁の「既往勧告事項の推進に関する行政監察結果に基づく勧告（共同募金事業関係）」(1967（昭和42）年9月11日）で，その平均28.5％が事務費や人件費に使われていることが問題視され，厚生省社会局長名の「共同募金の実施について」(1967（昭和42年）9月19日）により，社協の人件費，事務費などについては共同募金の配分額に依存しないよう努力することが示された。

10) 公益財団法人助成財団のホームページ（http://www.jfc.or.jp/）より。
11) 厚生労働省の生活保護費及び児童扶養手当に関する関係者協議会（2005（平成17）年）において，資料「生活保護制度において国は責任を全うすべきである！」（全国知事会）等を用いて，強い反対が示された。

参考文献

井村圭壯・相澤讓治編著『地域福祉の原理と方法〈第2版〉』学文社，2013年
能勢哲也『現代財政学』有斐閣，1998年
本間正明・齊藤愼編『地方財政改革—ニュー・パブリック・マネジメント手法の適用』有斐閣，2001年

索　引

あ　行

アウトリーチ……………………………70
アダムス，A. P. ………………………26
アダムス，J. ……………………………25
阿部志郎……………………………4, 10
井岡勉……………………………………7
岩間伸之………………………………70
インターグループワーク説……………27
インフォーマルケア…………………79, 81
インフォーマルな社会資源……………61
上野谷加代子……………………………7
右田紀久恵………………………7, 15, 115
ウルフェンデン報告……………………27
NPO……………………………………119
エンパワメントアプローチ……………116
大橋謙策……………………………7, 16, 101
岡村重夫……………………………14, 112
岡本栄一……………………………15, 16
岡山博愛会……………………………26

か　行

介護情報サービスの公表………86, 88
介護保険法…………………33, 38, 85
外部評価………………………………87
学童・生徒のボランティア活動普
　及事業………………………………102
片山潜…………………………………26
学校教育における福祉教育…………103
家庭奉仕員派遣事業…………………29
企画指導員……………………………52
客観的ニーズ…………………………69
救護法…………………………………25

京極高宣…………………………15, 16
共同性……………………………………3, 4
共同募金………………………………130
共同募金会……………………………42
キングスレー・ホール…………………26
景気調整機能…………………………126
ケースワーク…………………………24
コイト，S. ………………………………25
厚生労働省……………………………39
構造の変化………………………………1
公的データの活用……………………73
高齢者，障害者等の移動等の円滑
　化の促進に関する法律………33, 36
高齢者人口………………………………1
国庫支出金……………………………127
子ども家庭局…………………………40
子供民生委員制度……………………102
個別インタビュー……………………73
個別支援………………………………81
コミュニティ……………………………3
コミュニティ・オーガニゼーショ
　ン………………………………………24
コミュニティソーシャルワーク………78
コミュニティワーカー………………116
今後の社会福祉のあり方について…30

さ　行

災害対策基本法………………………122
済世顧問制度…………………………25
在宅福祉型地域福祉論………………20
真田是…………………………………15
参加型地域福祉論……………………20
産業構造の変化…………………………1

COS活動	24
シーボーム報告	26
ジェネラルソーシャルワーク	78
市区町村社協	48
市区町村社協経営指針	48
資源配分	126
自己評価	87
システム論的地域福祉論	22
次世代育成支援対策推進法	33, 37
慈善組織協会	24
自治型地域福祉論	20
市町村地域福祉計画	94, 96
質的ニーズの把握方法	73
児童委員	43, 54
児童相談所	41
児童福祉法	33, 85
市民	110
市民参加	110, 111
市民の社会貢献に関する実態調査	124
社会意識に関する世論調査	124
社会・援護局	40
社会計画モデル	28
社会事業法	25
社会資源	58, 60
——の開発	64
——の調整	63
社会資源マップ	62
社会的排除	2
社会福祉基礎構造改革	47, 93
社会福祉協議会	42, 45
社会福祉協議会基本要項	45
社会福祉士	52, 53
社会福祉主事任用資格	52
社会福祉法	33, 34, 47, 85, 94
社会福祉法人	43
社会保険	128
社会保障審議会	40
社会保障と税の一体改革	132
社協・強化方針 　—第2次アクションプラン—	51
社協・生活支援活動強化方針	51
社協組織の基本事項	45
集合調査	72
住民	109
住民懇談会（座談会）	73
住民参加	109, 110, 111
——の意義	109
住民主体の原則	45
主観的ニーズ	69
恤救規則	25
主任児童委員	55
障害者の日常生活及び社会生活を総合的に支援するための法律	33, 38
障害保健福祉部	40
小地域開発モデル	28
所得再分配	126
新・社会福祉協議会基本要項	45
身体障害者更生相談所	41
身体障害者福祉法	33
鈴木五郎	15
生活困窮者自立支援法	98
生活保護法	33, 127
政治参加	113
精神保健及び精神障害者福祉に関する法律	33
セツルメント運動	24, 25
全国社会福祉協議会	45, 105
全国ボランティア活動センター	30
潜在的ニーズ	69
総合的な学習の時間	104
ソーシャルアクションモデル	28
ソーシャルサポートネットワーク	

……………………………… 65, 78
措置から契約……………………85
園田恭一…………………… 4

た 行

第1種社会福祉事業………………34
第2種社会福祉事業………………34
地域共生社会……………… 7, 20
地域支援…………………………81
地域制…………………… 3, 4
地域トータルケアシステム………77
地域における福祉教育…………… 105
地域福祉基金……………………… 130
地域福祉計画…………… 93, 94
　　──の策定状況……………97
　　──の策定手順……………96
地域福祉ニーズ……………………68
地域福祉の思想……………………10
地域福祉の専門職…………………52
地域福祉の理論……………………14
地域包括ケアシステムの強化のための介護保険等の一部を改正する法律……………………47
地域包括支援センター…… 53, 55, 56
地域保健法……………… 33, 35
地域密着型サービス………………87
知的障害者更生相談所……………41
知的障害者福祉法…………………33
地方交付税………………… 127
地方自治体…………………………40
地方自治体社会サービス法………26
地方自治法…………………………33
地方分権………………… 133
中央社会福祉協議会………………45
中央ボランティアセンター………30
電話調査……………………………73
トインビー・ホール……… 24, 25

常盤平団地…………………………71
特定非営利活動促進法…… 33, 39, 119
都道府県地域福祉支援計画…… 95, 96
留置き調査…………………………72

な 行

ニィリエ, B.………………………13
ニッポン一億総活躍プラン………98
ニュースレター, W.I.……………27
ネットワーキング…………………57
ネットワーク形成…………………81
ノーマライゼーション…… 11, 12

は 行

バークレー報告……………………27
バーネット, S.A.…………………24
売春防止法…………………………42
パットナム, R.D.………………… 6
ハル・ハウス……………………25
バンク-ミケルセン, N.E.………13
BBS運動……………………………29
評価機関……………………………90
評価調査者…………………………90
ヒラリー, G.A.…………………… 3
VYS運動……………………………29
フォーカスグループ・インタビュー…………………………………73
フォーマルケア……………………81
フォーマルな社会資源……………61
福祉活動指導員……………………52
福祉活動専門員………… 52, 53
福祉基礎構造………………………85
福祉教育………………… 101
福祉教育の歴史的背景………… 102
福祉コミュニティ…………………14
福祉サービス第三者評価事業……88
福祉サービス第三者評価機関認証

ガイドライン……………………90
福祉サービス第三者評価事業………86
福祉事業………………………………40
福祉ニーズ…………………… 68, 69
福祉に関する事務所………………40
福祉の市場化………………………85
婦人相談員……………………………42
婦人相談所……………………………42
ベヴァリッジ報告…………………26
方面委員制度………………………25
方面委員令……………………………25
補完性の原理……………………… 128
母子及び父子並びに寡婦福祉法……33
ホームレスの自立の支援等に関する特別措置法………………………33
ボランタリズム………………………11
ボランティア活動………………… 121
ボランティア元年………………… 122
ボランティアコーディネーター……54
ボランティアの定義……………… 121

ま 行

牧里毎治………………………… 5, 15

マスグレイブ, R. A. …………… 126
三浦文夫………………………………15
密着型サービスの自己評価・外部評価……………………………………86
民間の基金・助成財団…………… 132
民生委員………………………… 43, 54
民生委員法………………… 33, 35, 43
民生委員推薦会……………………36
面接調査………………………………72
森本佳樹………………………………22

や 行

有償ボランティア………………… 121
郵送調査………………………………72

ら 行

量的ニーズの把握方法………………72
レイン報告……………………………27
老健局…………………………………40
老人福祉等の一部を改正する法律…31
老人福祉法……………………………33
ロス, M. G. …………………………28
ロスマン, J. …………………………28

編著者紹介

井村　圭壯（いむら・けいそう）
1955年生まれ
現　　在　岡山県立大学教授。博士（社会福祉学）
著　　書　『養老事業施設の形成と展開に関する研究』（西日本法規出版，2004年）
　　　　　『戦前期石井記念愛染園に関する研究』（西日本法規出版，2004年）
　　　　　『日本の養老院史』（学文社，2005年）
　　　　　『日本の社会事業施設史』（学文社，2015年）
　　　　　『社会事業施設団体の形成史』（学文社，2015年）

相澤　譲治（あいざわ・じょうじ）
1958年生まれ
現　　在　神戸学院大学教授
著　　書　『福祉職員のスキルアップ』（勁草書房，2005年）
　　　　　『介護福祉実践論』（久美出版，2005年）
　　　　　『スーパービジョンの方法』（相川書房，2006年）
　　　　　『相談援助の基盤と専門職』（編著，久美出版，2009年）
　　　　　『ソーシャルワーク演習　ケースブック』（編著，みらい，2013年）

地域福祉の原理と方法〈第3版〉

2008年2月10日　第一版第一刷発行
2013年12月25日　第二版第一刷発行
2019年1月30日　第三版第一刷発行

編　者　井　村　圭　壯
　　　　相　澤　譲　治

発行所　㈱　学　文　社
発行者　田　中　千　津　子

東京都目黒区下目黒3-6-1　〒153-0064
電話 03(3715)1501　振替 00130-9-98842
http://www.gakubunsha.com

©2019　IMURA Keiso & AIZAWA Jouji
Printed in Japan

落丁・乱丁本は，本社にてお取替えいたします。
定価は売上カード，カバーに表示してあります。
印刷／亨有堂印刷所
ISBN978-4-7620-2874-8　　検印省略

補充注文カード

定価 2200円＋税

貴店名

〈分類〉社会福祉

年　月　日
部数　　部
書名　発行所

書名：地域福祉の原理と方法〈第3版〉

発行所：学文社

著者：井村圭壯　相澤讓治 編著

ISBN978-4-7620-2874-8
C3036 ¥2200E

定価：本体2200円＋税